D1325738

De overtocht

Gustavo Piera
DE OVERTOCHT

18 manieren om heelhuids je doel te bereiken

servire

Servire maakt deel uit van Kosmos Uitgevers, Utrecht/Antwerpen

servire

Servire: nieuwe wegen naar wijsheid, inspiratie en spiritualiteit
www.servire.nl
www.kosmosuitgevers.nl

Servire maakt deel uit van Kosmos Uitgevers, Utrecht/Antwerpen
Oorspronkelijke titel: *The Crossing*
© 2006 Gustavo Piera
© 2006 Illustraties: Josep Filiú
© 2007 Kosmos Uitgevers B.V., Utrecht/Antwerpen
Vertaling: G. Pape
Omslagontwerp: Sjef Nix
Vormgeving: Julius de Goede
ISBN 978 90 215 0975 4
NUR 801

*Ik ben wie ik ben door de invloed die mensen om mij heen hebben uit-
geoefend. Ik wil dan ook de volgende personen bedanken:*

mijn ouders,
    *die ervoor zorgden dat ik een opleiding volgde en innerlijke
    kracht kreeg;*

mijn vrouw Bárbara,
    *die in mij bleef geloven en mij steunde bij het avontuur de CMR
    in het leven te roepen;*

en mijn drie kinderen, Carlos, Marta en Kike,
    *die me de energie, de kracht en het doorzettingsvermogen gaven,
    hoewel ik een zware tol moest betalen omdat ik niet in staat was
    elke dag van hen te genieten.*

Inhoud

Woord vooraf

Ik heb mij gewaagd aan het avontuur dat het schrijven van dit boek inhield, in de hoop een inspirerend doel te verwezenlijken: het ontdekken van de universele sleutels tot succes, waarmee je alles wat je onderneemt tot een goed einde brengt. Ik heb het aantal sleutels teruggebracht tot achttien. Dat is ook het aantal dagen dat het zeilschip in mijn verhaal erover deed om na veel 'getouwtrek' zijn bestemming te bereiken: Havana op Cuba. En het is ook niet toevallig dat 'achttien' de leeftijd is waarop iemand volwassen wordt. Wat we in ons leven ook ondernemen, er zal altijd sprake zijn van een reis waarin we een voor een de obstakels moeten overwinnen die zich tussen ons en ons doel bevinden. De tocht die mijn zeilschip maakte, is dezelfde reis die ieder van ons in zijn leven moet volbrengen, met alle belangrijke, door hem te nemen beslissingen.

Net als een zeilschip in volle zee kan iemand bij de minste of geringste windvlaag omgaan; maar men kan de storm ook doorstaan en zijn plaats van bestemming bereiken. De zeilboot in mijn verhaal, die ik *Mojito* heb gedoopt [naar een Cubaanse rumcocktail – noot van de vertaler], zal tussen de Canarische eilanden en Havana onvermijdelijk in stormweer terechtkomen waardoor hij uit de koers zal raken. Maar de zee verlangt van je dat je geduldig, volhardend en beheerst blijft en je niet overgeeft aan moedeloosheid en wanhoop. De beste aanpak bestaat dan ook hierin dat je niet tegen de golven vecht, maar dat je je laat meevoeren – om zo de storm te doorstaan en te wachten op het moment dat hij weer gaat liggen. Wanneer de zee weer kalm is, zal de *Mojito*, net als de zeilboten in ons leven, na een draai aan het roer zo weer op koers liggen en naar zijn bestemming varen.

De geschiedenis die ik vertel, is een avonturenverhaal, bedoeld om de lezer aangenaam bezig te houden. Een verhaal dat herinneringen en emoties oproept, zal ook tot nadenken stemmen en een glimlach op je gezicht brengen; iedereen zal er de hem of haar bekende dingen van het leven in aantreffen waarmee hij of zij zich kan identificeren. We lezen een boek steeds anders, al naar de levensfase waarin we ons bevinden; de overtocht van de Canarische eilanden naar Havana is een verhaal dat bol staat van de lessen die van toepassing zijn op elke fase en op elk terrein van ons leven. Dit boek is daarom niet alleen bestemd voor mensen uit de zakenwereld – het is voor iedereen bedoeld. Het is een verhaal waarin alle lezers zichzelf zullen herkennen in de personages die elke dag nieuwe obstakels te lijf gaan, en op die manier zullen ze de antwoorden op hun eigen vragen vinden.

De zes personages hebben zich iets concreets ten doel gesteld: de overtocht maken naar Havana. Maar eigenlijk waren het hun gevoelens die onze bemanningsleden bewogen dit avontuur met het onbekende aan te gaan. Dat is het niet-concrete doel: een zoektocht naar nieuwe indrukken en andere ervaringen, om een wereld te ontdekken die afwijkt qua smaak en geur, impressies en beelden, en die je hart sneller doet slaan, zoals alleen het onbekende dat voor elkaar kan krijgen.

Ons verhaal begint in Las Palmas op Gran Canaria, een vast vertrekpunt voor zeilers die de passaatwinden over de Atlantische Oceaan volgen. Als ze de trossen hebben losgegooid en de contouren van het eiland in de verte verdwijnen, begint het avontuur: de strijd met de golven op volle zee. Je hebt het idee dat je alles perfect, tot in detail hebt gepland en georganiseerd – van de samenstelling van de bemanning tot en met de proviand,

de zeilen, de vaarroute, de uitrusting... Wat kan er nog misgaan?
Maar de zee zorgt voor tal van onvoorziene, geweldige obstakels. Aan boord, ver van het vastcland, duiken er problemen op
die algauw het moreel van de bemanning een knauw bezorgen.
Tegenslag volgt op tegenslag en al die plannen die je zorgvuldig
vóór de afvaart hebt bedacht, vallen een voor een in het water...
De bemanning heeft er behoefte aan te merken dat er verbete-
ring optreedt. Maar de problemen worden alleen maar groter.
De zes personen in dit boek gaan ieder op hun eigen manier met
die problemen om en niet altijd zonder resultaat. Door het verschillende karakter van de bemanningsleden wordt ieder team-
lid gedwongen zich flexibel op te stellen; er zijn meer wegen die
naar Rome, in dit geval Havana, leiden. Uiteindelijk blijken de
beste middelen om elke hindernis te overwinnen initiatief, creativiteit en energie, in combinatie met twee essentiële grond-
houdingen: een koel hoofd en geduld. De dagelijkse belevenissen van de bemanning brengen de een na de ander de geheimen
aan het licht achter teamwerk en de rol die ieder individu in een
sociale microkosmos speelt, zoals ze ook laten zien wat de oplossing is om er effectief mee om te gaan. Deze overtocht is, net
als die reis naar de toekomst die in het leven besloten ligt, een
constant leerproces. En de lessen die men onderweg leert, bevatten ook de sleutels tot succes – men komt erachter hoe men zijn
doel kan bereiken, hoe men voornemens in daden omzet, terwijl
men tegelijkertijd afrekent met de neiging om maar weer om te
draaien, naar het vertrekpunt.

Waarom een reis per zeilschip? Het was mijn wens om een
duidelijke parallel te trekken met het 'echte' leven; per slot van
rekening is ons bestaan een enkele reis zonder retourtje en de
talloze moeilijkheden die men in volle zee tegenkomt (wind,
golven, kou) zijn te vergelijken met de obstakels die ons in ons
dagelijkse leven verhinderen vooruit te komen. Een kletsnat,
glad dek, een schoot die vastzit terwijl je hem juist nodig moet
vieren, een val dat breekt of een zeil dat scheurt als gevolg van de

wind, al die dingen roepen exact dezelfde reacties op als op andere terreinen van ons leven: frustratie, boosheid, wanhoop... Aan de andere kant, alleen door onze emoties te bedwingen, rustig een oplossing te zoeken en in teamverband te werken kunnen we ons doel bereiken. Je kunt niets uitrichten tegen de verandering van de windrichting, het geweld van de zee, de hoogte van de golven en de stroming die je schip uit koers brengt; maar je kunt wel de stand van je zeilen aanpassen en je roer verleggen. Of je kunt gewoon ophouden tegen de golven te vechten en wachten tot de storm is overgewaaid.

Net als in het gewone leven, zijn midden op de oceaan eigenschappen als geduld, koelbloedigheid en doorzettingsvermogen van groot belang bij tegenslag. Ook de ergste stormen waaien uiteindelijk over. En achter de donkere wolken wacht de zon op de opklaring om weer te kunnen schijnen. Onze bemanning zal leren beducht te zijn voor stormen, maar niet in die mate dat de storm het team verlamt en het onmogelijk maakt een uitweg te vinden uit de impasse. Wanneer men met tegenslag te kampen heeft, een gescheurd zeil of een kapot roer, moet men alvorens een besluit te nemen en handelend op te treden, eerst het probleem in kaart brengen, de oorzaken achterhalen en de eventuele oplossing(en) bekijken. Kort samengevat, in plaats van je druk te maken moet je in het geweer komen om de moeilijkheden te overwinnen. Vaak is de grootste hinderpaal bij het bereiken van onze doeleinden juist de instelling die we hebben ten aanzien van de problemen die we onderweg tegenkomen.

Mijn achttien sleutels tot succes, waarmee we ons doel bereiken, afgezet tegen achttien dagen op zee, houden verband met twee 'werelden' waarin we die doelen nastreven: met onszelf en met de mensen met wie we werken, dat wil zeggen ons team. Men moet goed beseffen dat het resultaat niet alleen afhangt van het individu, maar ook en vooral van zijn of haar collega's. Daarom heb ik mijn 'sleutels tot succes' in twee groepen verdeeld: negen ervan slaan op het 'ik' en negen op het 'ik' in relatie tot de anderen. Ik roep de lezer(es) op zijn of haar eigen koers uit te stippelen en bij te houden welke van die negen plus negen punten zijn of haar boot met de ondergang bedreigen. In dit boek vind je de sleutels waarmee je alle obstakels kunt overwinnen die je bijzondere reis zo moeilijk kunnen maken.

Inleiding

Enrique pakte zijn reisdagboek, sloeg het open op de eerste bladzij, noteerde helemaal rechts bovenin de datum, 17-12-2005, en begon te schrijven. 'Afgemeerd in de marina van deze stad vol glitter, een zeemanshaven; na zoveel jaren te hebben uitgekeken naar dit moment en na zoveel maanden van voorbereidingen, sta ik op het punt mijn grootste droom, de droom van mijn leven, te verwezenlijken en eindelijk de belofte aan mezelf na te komen. Een besluit kan natuurlijk niet voor altijd worden uitgesteld.' De volgende dag, 18 december, zou de bemanning om vijf uur 's middags uitvaren met bestemming Havana. Iedereen had alles met zoveel liefde en zorg in gereedheid gebracht dat een mislukking uitgesloten leek. Enrique wist van zichzelf dat hij te perfectionistisch was, maar had niet willen denken aan de mogelijkheid om ervan af te zien. Nadat hij zich zoveel jaren had voorgenomen deze oversteek te maken, zou het een te grote mislukking voor hem inhouden en ook een te grote teleurstelling betekenen voor César.

Hij moest onwillekeurig glimlachen toen hij terugdacht aan die uitgestrekte, zomerse sterrenhemel, samen op de rand van de stuurhut, heen en weer wiegend op het ritme van een kalme zee, op weg naar Ibiza. César was net twaalf geworden en kon al in zijn eentje het werk aan van een eerste stuurman. In de intimiteit van hun scheepsuniversum had Enrique hem verteld over een van zijn meest gekoesterde dromen: de Atlantische Oceaan

overzeilen. Met zijn aangeboren energie en vroegrijpe doorzettingsvermogen had César hem een belofte ontlokt: ze zouden
die droom samen verwezenlijken zodra hij achttien werd. Enrique kreeg er kippenvel van toen hij weer moest denken aan de
dag, zes jaar later, dat César, die nu een man was, hem aan zijn
belofte had herinnerd. Enrique overtuigde hem ervan dat de tijd
nu nog niet rijp was en schoof de beslissing weer voor zich uit.
'Als je je einddiploma van de universiteit hebt,' had hij gezegd.
Een jaar eerder was hij erover gaan nadenken dat hij zijn belofte
gestand zou doen. De tijd was kort, César was nog maar twee se-
mesters verwijderd van zijn doctoraal economie en gezien zijn
resultaten tot dusver zou hij vrijwel zeker op tijd afstuderen. Zo
zou het ook gaan. Cum laude. Maar de tijd die hij in zijn studie
stak, weerhield hem er niet van zijn vader bij de geringste aan-
leiding te herinneren aan zijn belofte. Hij bestookte hem met
vragen, viel hem lastig met verhalen van andere zeilers die hetzelfde krankzinnige plan hadden uitgevoerd en bedolf de eettafel onder kaarten, zeeroutes en alle informatie die hij had opgepikt op zijn internetreizen. Maar Enrique zag alleen maar de
schaduwzijden: 'Die ouwe zeilboot van me kan zo'n lange oversteek helemaal niet aan. En ik kan me geen betere permitteren,
ook niet als ik de oude *Cormorán* zou verkopen,' schreef hij in
zijn dagboek. Daarbij bracht zijn werk zo veel verantwoordelijkheid met zich mee dat alleen al het idee twee maanden weg te
zijn hem benauwde.

Net toen hij de pijp aan Maarten wilde geven, kwam de Voor-
zienigheid tussenbeide in de vorm van een telefoontje van een
zeilvriend, Ángel. Het leek erop dat het lot hem de kans van zijn
leven bood, een kans die hij niet kon laten lopen. Ángel kende
een Cubaan die in Las Palmas woonde, maar nu naar zijn vader-
land terug wilde en zijn boot wenste mee te nemen om er op te
kunnen wonen. Omdat hij al in de zestig was, trok het idee van
zo'n moeilijke overtocht hem echter niet zo aan. Enrique belde
Zacarías Reguera de volgende dag en werd meteen getroffen

door 's mans intense liefde voor de zee en zijn grote kennis van haar geheimen. Hij kon het zilt bijna via de telefoonlijn proeven.

Het gesprek met de man gaf ineens de doorslag: 'Enrique,' zei hij bij zichzelf, 'je bent nu vierenvijftig, je hebt een bedrijf dat goed genoeg draait om er een paar maanden tussenuit te gaan en je hebt een zoon die je niet mag teleurstellen. Het is nu of nooit.'

Twee weken later vlogen vader en zoon naar Las Palmas om kennis te maken met de Mojito en zijn schipper. Enrique was meteen weg van de majestueuze contouren van het zeiljacht, met zijn hoge vrijboord en teakhouten dek. Toen ze met Zacarías de haven uitvoeren, werd hij geïmponeerd door de aanblik van het grootzeil aan de machtige, hoog oprijzende mast, de bollende fok en de rode, indrukwekkende spinnaker. Het schip, zestien meter lang, met drie slaaphutten en een ruime kajuit, voelde geweldig aan. Elke centimeter ervan droeg het kenmerk van een zeilschip dat twee keer een oversteek over de Atlantische Oceaan had doorstaan. Je kon voelen dat de onvergetelijke ervaringen, de duizenden uren op zee, de doorgemaakte stormen, de eindeloze, kalme zeeën en de nachten in het hout waren gaan zitten. 'We waren verkocht – een beter woord heb ik niet,' schreef Enrique. Het bleek heel simpel om een afspraak te maken met Zacarías Reguera: de enige voorwaarde die hij had was dat het schip het komende voorjaar in Cuba moest zijn, en dat ze er met evenveel liefde mee zouden omgaan als hij de afgelopen twintig jaar zelf had gedaan.

In de tussenliggende zeven maanden was er geen dag voorbijgegaan of Enrique en César hadden aan de reis gedacht. Bijna al hun vrije uurtjes hadden ze besteed met voorbereidingen treffen. In de eerste plaats hadden ze een bemanning nodig; het zou niet zo'n goed idee zijn om alleen met hun tweeën de poging te wagen. Enriques keus viel op Paco: een rustige, allround sportman, een doorgewinterde avonturier. Sinds hun tienerjaren hadden ze een passie gedeeld voor sport, en vrouwen, en Paco was er steeds weer in geslaagd hem versteld te doen staan. 'Wat een gekke vent! Beklom de Himalajatoppen en stak windsurfend de Middellandse Zee over. Tot zijn andere staaltjes waaghalzerij...' Enrique schreef het grijnzend op. Was er een betere maat te vinden aan boord van de *Mojito*? Ze hadden al die tijd contact gehouden via een paar telefoontjes per jaar en nu hadden de voorbereidingen voor deze reis hen weer samengebracht. 'Een hechte vriendschap vergt weinig onderhoud,' zei hij bij zichzelf.

César kreeg opdracht de rest van de bemanning te 'ronselen'. Ze hadden de reis heel goed met hun drieën kunnen maken, maar César wilde zo'n ervaring graag delen met iemand die meer van zijn leeftijd was. En hier waren ze dan: Javier en Toni wilden wat graag aanmonsteren. Enrique vond Javier meteen al een uitstekende keus, want door zijn kennis van lichte vaartuigen zou hij een prima zeeman voor de oceaan zijn. Toni's ervaring met varen beperkte zich daarentegen tot een paar rondjes op de waterfiets langs het strand. Ze zouden hem dus wat elementaire zaken moeten bijbrengen op de *Cormorán* – tochtjes die de rest van de bemanning benutte om aan elkaar te wennen. In de afgelopen drie maanden waren ze er elk weekend met hun allen opuit getrokken en ze waren tevreden over de manier waarop de zaak vorm kreeg. 'Maar uiteindelijk', schreef Enrique, 'is het belangrijkste de steun die César van die twee heel verschillende knapen krijgt.'

Als hij een keus zou moeten maken, zou hij Javier hebben genomen. Deze had laten zien dat hij een serieuze, al volwassen jongeman was, een goede student ook, met een winnaarsmentaliteit. De afgelopen jaren was hij vaak bij hen thuis te gast geweest, altijd goed verzorgd en met een stapeltje boeken in zijn rugzak. Enrique was zich bewust dat Javier veel had betekend voor César en diens succes aan de universiteit. Maar Toni had iets wat hij niet helemaal vertrouwde, een nukkig, verwend knaapje, voor zijn gevoel. Met zijn bewust slordige voorkomen en met die blonde lokken die over zijn voorhoofd vielen – waardoor hij eruitzag als een *enfant terrible* – deed hij of hij de hele wereld naar zijn hand kon zetten. Hij kwam altijd wat flierefluiterig over, hoewel Enrique het nooit waagde vraagtekens te zetten bij Césars oordeel. De reis die ze samen zouden gaan ondernemen, was een droom van hen beiden en zijn zoon had het recht zijn eigen reisgezellen te kiezen.

Trouwens, wie kon nu weten wat voor verrassingen de reis in petto zou hebben? Net toen het ernaar uitzag dat de enkele bemanningsleden op één lijn zaten, was, op de tweede dag dat men in de haven aan boord zat, Marta verschenen. Las Palmas zat altijd vol mensen die op zoek waren naar een plekje aan boord van een schip dat de oceaan overstak. In de havens kent men elkaar en iemand moet haar op de *Mojito* hebben gewezen. Doen we er wel goed aan haar mee te nemen? vroeg Enrique zich af. In eerste instantie was hij heel stellig geweest: ze hadden verder niemand nodig aan boord. Maar Paco en César, die aan dek bezig waren geweest toen ze verscheen, waren meteen onder de indruk van haar. Misschien was het haar zigeunerachtige globetrottersuitstraling geweest of die wonderlijke aura die om mensen hangt die de wereld hebben rondgereisd. Hoe dan ook, Paco en César hadden erop gewezen dat er aan boord van de *Mojito* een vrouwelijk element nodig was en bij het avondeten werd de zaak besproken. Als schipper wilde Enrique er wel over nadenken, maar op één voorwaarde: eerst moesten ze te weten komen hoeveel verstand van zeilen ze had en, vooral, hoe ze zich gedroeg. De volgende ochtend gingen ze dan ook op zoek naar haar in het havencafé en vroegen haar of ze een tochtje met hen wilde maken. Tot ieders verrassing bracht ze het er beter af dan de andere bemanningsleden. 'Ik moet bekennen dat ik de spinnaker met opzet, door een roekeloze manoeuvre, in het water liet terechtkomen,' schreef Enrique. Maar Marta had onmiddellijk gereageerd, ze had zich voorovergebogen, het zeil gepakt en het zonder hulp binnenboord gehaald. Diezelfde avond had ze zich uitgeschreven uit haar hotelletje en haar intrek genomen in de voorste slaaphut, zonder dat César protesteerde; hij vond het prima een hut te delen met Javier en Toni.

Marta bleek een vrouw van weinig woorden, maar ze zei wel dat ze zich thuis voelde op de *Mojito*. Sterker, ze leek enthousiast over het feit dat ze eventueel mee mocht. De nacht voordat ze zouden uitvaren, kwamen de vijf bemanningsleden bijeen in de voorste hut, terwijl zij afwachtte in de kajuit – in angstige spanning, te oordelen naar haar manier van doen. 'Ik zei dat ze een lijstje moesten maken met voors en tegens, maar de voors waren ver in de meerderheid.' Hij moest het onder ogen zien, Marta paste perfect in het team. Zij zou tijdens de onderneming zorgen voor de vrouwelijke toets en daar kwam nog bij dat haar aanwezigheid enige zorg wegnam: ze was een ervaren verpleegkundige en kon zich bekommeren om de medische spullen en EHBO verlenen, een taak die aanvankelijk Paco was toegewezen.

Enrique leerde Paco meteen hoe hij het logboek moest bijhouden. Elke scheepsbemanning die een knip voor de neus waard is, houdt een scheepsjournaal bij met de belangrijkste gegevens van de tocht: de lengte- en breedtegraden, de koers, de windrichting, de afgelegde zeemijlen. Maar Enrique, die wist hoe graag zijn vriend schreef ('pennenlikker' noemde hij hem wanneer hij hem peinzend zag zitten met de pen in zijn mond, op zoek naar de juiste zinnen), gaf hem er nog een taak bij – eentje die alleen thuishoorde in een zo apart logboek als dat van de *Mojito*: een 'conclusie van de dag', in één zin, van hoever ze waren opgeschoten, niet alleen wat de overtocht, maar ook wat hun zelfkennis betreft. Paco ging graag akkoord; dit corvee betekende geen extra last. Elke dag zou hij proberen voldoende inspiratie op te doen om precies die ene zin te vinden.

Enrique was opgelucht. De nieuwe taakverdeling hield in dat hij meer tijd zou hebben om een oogje in het zeil te houden op de wacht en het onderhoud en vooral om van de reis te genieten.

César zou zich blijven bezighouden met de elektronica, waar hij erg goed in was. En Javier en Toni waren tevreden met hun respectieve taken, de zorg voor de zeilen en voor het eten. 'We zijn tenslotte al zo ver gekomen en ik hoop dat de fortuin en een gelukkig gesternte de handen ineenslaan en ons gunstige winden en bollende zeilen bezorgen,' bad Enrique bij zichzelf. 'Zoveel opofferingen en verwachtingen verdienen beloond te worden.'

Een aankomst in Havana vóór 6 januari zou een perfect driekoningencadeau vormen voor de familieleden van eenieder; die hadden het maar matig gevonden dat ze de kerstvakantie zonder hen moesten doorbrengen. Maar keus hadden ze niet: als ze hun voordeel wilden doen met de passaatwinden, zouden ze de achttiende moeten uitvaren.

Ze waren vijf dagen vóór de vertrekdatum in Las Palmas aangekomen en er was nog veel te doen. Het was hard werken geweest, maar het was ook opwindend. Bij aankomst hadden ze gezien dat Zacarías het schip zoals verwacht in perfecte staat had achtergelaten. Het lag te blinken, zó schoon was het, en het leek aan zijn meertrossen te trekken van ongeduld om maar onder zeil te gaan. Toch liet Enrique iedereen de verplichte controles doen. Ze haalden de vlonders weg om te zien of er eventueel zwakke plekken zaten waar de Mojito water zou kunnen maken. Ze zagen dat de waterzuiveraar en de generator die Enrique telefonisch had besteld, volgens de voorschriften waren aangebracht en prima functioneerden. Ze controleerden de mast, de tuigage en de schroef en keken de motor na op olielekkage en overtuigden zich ervan dat de roerpen geen speling vertoonde.

Tevreden met de toestand waarin ze de Mojito hadden aangetroffen, gingen ze elke dag de zee op om te wennen aan zijn nukken en grillen. Ten slotte vulden ze de tanks met tweehonderd liter brandstof en vijfhonderd liter water en kochten de laatste spullen die ze nog nodig hadden: een brandblusser, een boor voor noodreparaties, nieuwe schoten en wat ze maar aan reserveonderdelen konden bedenken. 'Hoe goed je je ook voorbereidt, ik weet dat er altijd iets misgaat,' noteerde Enrique in zijn dagboek. Wat kon er verkeerd gaan op de *Mojito*? 'Wíj gaan niet in de fout. Het team is klaar voor wat de zee voor ons in petto heeft.'

LOGBOEK

schipper	*Enrique*
bemanning	*César Toni Marta Paco Javier*
route	*Las Palmas de Gran Canaria – Havana*
datum	*18-12-2005*
tijd	*17.00 u*
breedtegraad	*26° 32' 40"*
lengtegraad	*18° 56' 57"*
koers	*2.20*
windrichting	*20 NZW*
zee	*licht golvend*
afgelegde afstand	*0*

zichtbericht – weer – waarnemingen – barometer – temperatuur

Verlaten de haven, temperatuur 24°, mooi weer, luchtdruk 1020

Conclusie van de dag

DAG 1

26° 32' 40" noorderbreedte

18° 56' 57" westerlengte

Een zee vol twijfels

Precies tien uur en Toni is niet komen opdagen. Het leek wel of hij door de zee verzwolgen was. César en Javier hadden hem tot in de vroege uurtjes gezocht, in alle bars van de haven en in een paar clubs in het centrum, maar ze hadden geen spoor van hem gevonden en waren teruggekomen. Terwijl Enrique zichzelf had gekweld met de gedachte dat ze de volgende dag echt moesten vertrekken, had Paco een beroep gedaan op het gezonde verstand en gezegd dat ze maar naar bed moesten gaan en wachten op het daglicht alvorens alarm te slaan. Toni was tenslotte een vrije vogel en zou zich wel ergens in de stad amuseren. Ook zijn vrienden vonden dat het meest voor de hand liggende antwoord. De afgelopen dagen had hij een tikje vreemd gedaan en allerlei excuses bedacht om maar van de boot af te komen en te verdwijnen. Maar César en Javier hadden zich ertegen verzet en hem geconfronteerd met hun vermoedens. Ze sliepen die nacht licht en gingen bij het minste gerucht bij de loopplank kijken. Maar hij vertoonde zich niet. De volgende ochtend was er nog steeds taal noch teken van Toni en de bemanningsleden, die de vroege uren hadden benut om nog een keer de tuigage en de uitrusting te controleren, dachten erover naar de politie te gaan.

Maar het geluk lachte hun weer toe. Terwijl Javier in een harnas boven in de mast hing om het toplicht en de windvaan te controleren, zag hij Toni, die met sloffende voeten en met gebogen hoofd de hoek om kwam, naar de haven.

'Daar is-ie!' schreeuwde hij. César sprong uit de motorkamer en Javier landde met een bonk op dek. Enrique, Paco en Marta daarentegen lieten zich niet aan dek zien.

Toni keek nog treuriger bij de aanblik van zijn twee uitgelaten vrienden die hem op de kade tegemoet renden. Hij voelde zowel schaamte als boosheid. Hij wist niet hoe hij zijn gedrag moest verklaren. Maar tot zijn verrassing hoorde hij geen van beiden een verwijt maken. Ze zeiden alleen dat ze erg ongerust waren geweest. Niemand had door dat Toni met lege handen was teruggekomen; misschien was hij vergeten dat toen hij de middag ervoor verdween, op de valreep ook nog wat inkopen zou doen, een paar zaklantaarns, extra batterijen, draad en isolatietape.

Toen hij op het pasgeboende dek van de *Mojito* stapte, had hij het ellendige gevoel of hij van alles kwijt was.

'Je ziet er niet zo patent uit,' zei Javier.

Waarop Toni nors antwoordde: 'Neuh.'

'Ga je ons nog vertellen waar je hebt uitgehangen?' vroeg César.

'Ik wil me eerst even wassen. Dan vertel ik het. Oké?'

In het gangetje botste hij op Paco die hem bij wijze van groet in de schouder kneep, en op Marta die even glimlachte met een licht verwijtende blik. Nadat hij schone kleren had aangetrokken en scheutig was geweest met de eau de cologne, ging Toni met zijn beide vrienden en Paco aan de eettafel zitten. Ieder van hen had een mok verse, dampende koffie voor zich en het brandende gevoel op zijn lippen zorgde voor een weldadige rilling. Het was tijd om zich te verantwoorden.

Maar in plaats daarvan zei hij: 'Ik denk dat het beter is als ik niet meega.'

'Wat?' riep Javier uit. 'Ben je gek geworden?'

'Nou, ik ... ik heb er eens over nagedacht. Ik denk toch dat dit niets voor mij is. Ik blijf liever een paar dagen in Las Palmas

en... ga dan naar huis, naar Barcelona.'
'Maar hoe kom je ineens op het idee om je plannen te veranderen?' vroeg Paco en hij klonk zo rustig en begripsvol als maar mogelijk was. 'Kun je ons niet zeggen wat er aan de hand is?'
'Goed, dat ben ik jullie wel verschuldigd. Een paar dagen geleden kwam ik in een supermarkt in het centrum dat Duitse meisje tegen dat al vijf maanden in Las Palmas woont, Karin.'
'Ik wist wel dat er een meisje in het spel was,' zei César.
'Ik heb de laatste dagen een paar keer met haar afgesproken. Gisteren kwam ik haar weer in de stad tegen en toen nodigde ze me uit voor een feestje. Ze ging met me mee toen ik de spullen kocht die Enrique nodig had, we legden die in haar deux-chevaux en reden daarna naar een verlaten pottenbakkerij in de heuvels. Een te gekke plek, je hebt geen idee. De muren waren overwoekerd en aangevreten. Het was indrukwekkend. Ik mocht de mensen ook wel. Ze stelde me voor aan een groepje vrienden; echt *coole* mensen. Ze boden me van alles aan voordat ik maar een kik had gegeven.'
'Van alles?'
'Nou ja, coke, dope... Maar ik had me in de hand wat dit betreft. Er gebeurde niets vervelends. Alleen heb ik een hoop gedronken en de hele nacht gedanst. Toen ik vanochtend wakker werd, lag ik op de grond; ik had het gevoel of ik doodging. Samen met Karin, in een veld buiten de fabriek, waar iedereen zijn auto had neergezet. Maar er was geen mens meer te zien en we troffen Karins deux-chevaux aan met een ingeslagen achterruit.'
'Een mooi stelletje. Dat staat vast!' zei Paco sarcastisch.
'De spullen die ik gisteren heb gekocht, zijn weg. Ook de rest van het geld. Iemand heeft het uit mijn jasje gestolen.'
'Hebben ze je paspoort ook meegenomen?'
'Nee, dat had ik in een andere zak, met mijn portefeuille. Daar zijn ze niet aan geweest.'
'Nou, zo erg is het dan toch niet.'
'Ja, dat is het wel. Jullie vertrekken vandaag naar Cuba en jul-

lie hebben spullen nodig die ik zou meebrengen. In plaats daarvan kom ik terug zonder de spullen en zonder jullie geld.'
'Zo belangrijk is dat niet. En zonder centen zitten we ook niet bepaald. En we hebben ook nog tijd genoeg om te kopen wat we nodig hebben,' zei Paco. 'Dat is geen reden om ermee te kappen.'
Maar Toni had zijn besluit genomen. Niet zozeer om wat er de avond tevoren gebeurd was, maar omdat hij dacht dat de zee niets voor hem was. Hij kon maar beter wegwezen voordat ze vertrokken. Achttien dagen op zee is een hele tijd als je er niet absoluut zeker van bent dat je dat wilt. Hij had besloten dat hij nog wat langer in Las Palmas zou blijven en eropuit zou trekken met Karin, die dat fantastische eiland als haar broekzak kende, om dan medio januari weer naar huis te gaan. Een paar minuten na het gesprek in de kombuis stak Enrique zijn hoofd in de ingang van de slaaphut, waar Toni zijn spullen al aan het inpakken was.
'Ze hebben me verteld wat je besloten hebt. Vind je niet dat je wat al te overhaast te werk gaat?'
In Enriques ogen kon Toni verwijten en teleurstelling zien. Meneer Volmaakt kan er natuurlijk niet tegen dat er mensen zijn die hun eigen weg gaan, dacht hij.
'Nee, dat vind ik niet,' antwoordde hij terwijl hij zijn spullen in zijn rugzak duwde. 'Maar ik heb sowieso niet veel tijd meer om erover na te denken. Jullie vertrekken vanmiddag.'
'Nou, ik vind dat we er ten minste met ons zessen over moeten praten. We zijn tenslotte een team.' Enriques antwoord verraste hem.
'Goed, als je dat wilt. Maar het is toch beter dat ik niet meega.'
'Oké, ik respecteer je beslissing. Het enige wat ik vraag is of je er nog eens met ons over wilt praten.'
De anderen zaten al aan de tafel op Toni te wachten. Hij voelde zich als de verdachte die de rechtszaal wordt binnengeleid

voor zijn proces. Zijn benen zeiden hem weg te wezen en ook in zijn hoofd was er verzet tegen het idee dat hij zich tegenover de anderen zou moeten verdedigen. De situatie beviel hem niet bepaald, maar hij had geen keus, hij moest wel. Met een berustend gebaar nam hij plaats, klaar om te luisteren naar alle beschuldigingen die ze op hem zouden afvuren. Zoals verwacht begon Enrique. Maar hij was dan ook de schipper.

'Toni, het is niet onze bedoeling je om te praten. Zoals ik al zei, we respecteren je beslissing. Maar we willen niet dat je hier achterblijft zonder dat je weet hoe wij ons voelen. Het enige wat we je vragen is ons even aan te horen. Weet ook dat je je niet druk moet maken over het geld en de dingen die je kwijt bent. Echt niet. Je moest eens weten wat ik in mijn leven allemaal ben kwijtgeraakt! Fouten maken we allemaal. Als je er met anderen over praat, kom je er gemakkelijker mee in het reine. Na je verhaal over je avonturen van afgelopen nacht hebben we allemaal veel lol gehad en dat was het dan.'

'Ja, waarom ging je in hemelsnaam buiten op de grond slapen? Het is half december! Ik weet wel dat we vlak boven de keerkring zitten, maar dan nóg. Je moet half zijn doodgevroren!' zei César in een poging licht in de zaak te krijgen.

'En dan ook nog in zijn blote kont,' mompelde Paco sarcastisch.

Nu werden er veelbetekenende blikken en half spottende lachjes gewisseld. Toni kreeg een rood hoofd, nu hij het mikpunt van het plagerijtje van zijn maat was.

'Ja, bevroren, leeggeschud en een kater. Wat een puinhoop!'

'Zo erg is het niet, echt niet. Met een goed ontbijt en een warme douche voel je je zo weer beter,' zei Marta. En na een korte stilte voegde ze eraan toe: 'Het is ons laatste maal aan de wal voordat we naar de andere kant van de plas varen. We doen er niet zo lang over als Columbus, maar ik denk dat we net zo opgewonden zullen zijn als hij wanneer de Nieuwe Wereld aan de horizon verschijnt. Toni, ik ken je pas drie dagen, maar ik zou het fijn vinden die ervaring met jou te delen. Vooruit, denk ook aan ons. Je bent een belangrijk lid van het team. We zijn met ons zessen; ik weet dat onze dagen op zee zonder jou anders zullen zijn.'

'Het spijt me, Marta, echt, ik heb jullie allemaal laten zakken.'

'Nee,' zei Paco, 'wij hebben eerder jóu laten zakken. We hebben je vertrouwen niet weten te winnen. Als je ons vertrouwd had, zouden we gisteravond hebben geweten waar we je moesten zoeken.'

'Je hebt gelijk. Ik weet echt niet waarom ik jullie niet over Karin heb verteld.'

'De waarheid is, Toni, dat de dingen vaak simpeler zijn dan we denken,' zei Paco.

'We kunnen niet zonder je,' zei Javier. 'Je bent hier omdat we om je geven, omdat we je vertrouwen. Verdorie! Ik vind echt dat je op je beslissing moet terugkomen. Ik ben niet van plan helemaal tot Cuba honger te lijden!'

'Jullie hebben genoeg te eten. En ik ben niet de enige die kan koken. Jullie zullen niet van de honger omkomen.'

'Maar we waren het er allemaal over eens dat jij de chef-kok zou zijn! Ik vertik het iets te eten wat niet door jouw vaardige handen is klaargemaakt.'

'Kom nou, Javi, je weet heel goed dat ik nooit eerder in mijn leven in een keuken had gestaan.'

'Dat is waar. Maar ik weet ook dat je de laatste maanden kookboeken hebt verslonden en met je moeder in de keuken bent bezig geweest zodat je ons af en toe een behoorlijk maal zou kunnen voorzetten.'

'Luister, ik vind echt dat jullie het heel goed zonder mij af-kunnen.'

Nu liet César, die tijdens de hele discussie geen woord had gezegd, eindelijk van zich horen:

'Toni, ik zal heel open tegen je zijn. Als iemand aan iets belangrijks begint, wat deze reis voor ons allemaal is, en zoveel tijd steekt in een zorgvuldige voorbereiding, zoals wij allemaal hebben gedaan, kun je niet simpelweg de handdoek in de ring werpen bij de eerste de beste tegenslag. Je hebt helemaal vanaf punt nul leren zeilen. Je hebt weekeinden opgeofferd om samen met ons een team te bouwen. Je kunt toch niet zo weinig doorzettingsvermogen hebben dat je er bij het kleinste probleem zomaar tussenuit knijpt.'

'Misschien ben ik gewoon nog niet klaar voor deze reis. En dan is Karin er ook nog.'

'Karin is de reden niet, dat weet ik. Je kent haar pas. Trouwens, je ziet haar toch weer als we terug zijn.'

'Alsjeblieft, laten we erover ophouden,' zei Toni.

Paco stond plotseling op en liep zonder een woord te zeggen naar de achterhut. Een paar tellen later kwam hij terug met een dik boek in zijn handen. Het was het logboek; de blanco pagina's wachtten nog op de eerste notitie van die middag. Hij legde het op tafel en opende het op de eerste bladzij, waar de namen van de bemanningsleden van de *Mojito* stonden vermeld. Toni keek met grote ogen toe hoe Paco een potlood pakte en een dikke streep door Toni's naam haalde.

'Dat is dan dat. Klaar. Je bent vrij om te gaan.'

Het duurde een eeuwigheid voor iemand iets durfde te zeggen. Ten slotte verbrak Toni de gespannen stilte en stond op van tafel. Niemand liep achter hem aan. Alleen in de stuurhut, bedrukt door Paco's definitieve handeling, had hij wat meer tijd nodig om na te denken wat hem te doen stond. Waardoor kwam het dat alle hoopvolle gedachten die hij over deze onderneming had gekoesterd, ineens waren omgeslagen in moedeloosheid en hij nu zo in de put zat? Hij draaide de film in zijn hoofd nog eens af: Karin, de diefstal, zijn angst dat ze hem verwijten zouden maken, het gebrek aan vertrouwen dat hij jegens hen aan de dag had gelegd. Hij was van zijn stuk gebracht door de loop der gebeurtenissen, maar vooral doordat zijn confrontatie met de bemanning herinneringen aan andere, o zo vertrouwde voorvallen had losgewoeld. Hij moest denken aan de vele plannen in zijn leven waaraan hij vol enthousiasme was begonnen, maar vervolgens niet had afgemaakt. Nu was er ook weer een nog aantrekkelijker 'project' langsgekomen dat hem van zijn koers had afgebracht. Wat was er met hem aan de hand? Ik ben een windvaan en waai met alle winden mee, dacht hij bedroefd. Ik heb nooit de regie over mijn eigen leven in handen genomen, maar de omstandigheden altijd de doorslag laten geven. Ik heb nooit iets kunnen afmaken. Neem nu verantwoordelijkheid. Als ik nu eens goed nadacht voordat ik een besluit nam, hoefde ik niet steeds halverwege af te haken. Ik zou nu eens voor het eerst in mijn leven moeten doen wat ik me heb voorgenomen en niet meteen ertussenuit moeten knijpen zodra er iets fout gaat.

Een halfuur later ging César Toni zoeken; hij trof hem zittend aan, met gebogen hoofd en met een blik alsof hij zijn beste vriend kwijt was. César ging naast hem zitten en legde een hand op zijn knie.

'Jullie hebben gelijk,' zei Toni ten slotte, 'ik kan jullie niet in de steek laten. Ik heb het recht niet dat te doen. We zijn een team.'

'God, wat hoopte ik dát te horen!' riep César uit terwijl hij het wanordelijke hoofd van zijn vriend beetpakte. 'Dank je!'

'Nee, jullie bedankt dat jullie me duidelijk hebben gemaakt dat ik een stommiteit zou begaan: maanden en maanden aan werk weggooien voor een paar dagen lol. Ik ben blind geweest. Dat heb ik nou altijd. Ik laat me leiden door de laatste impuls. En dan kan ik niet helder zien of denken. Ik ben zo in de war dat ik het onderscheid tussen oorzaak en gevolg niet meer zie. Voor ik het besef, laat ik me meeslepen totdat ik op een andere plaats wakker word, met weer een ander idee en met andere mensen. Daarom begin ik aan een hoop dingen, maar maak ik nooit iets af.'

'Nou, dan is dit je grote kans. Bewijs maar eens dat je het tot

Havana volhoudt... Trouwens, zodra we hebben losgegooid, kun je niet meer terug. We laten je niet ontkomen in de reddingboot,' lachte César.

Een paar uur later keerden Paco en Javier terug; ze hadden de verdwenen spullen alsnog aangeschaft. Toni had kans gezien wat te slapen en kwam als een heel ander mens de douche uit. Marta, César en Enrique stonden na nog wat allerlaatste klusjes aan dek en keken bewonderend naar de *Mojito* die er piekfijn uitzag: ze waren klaar voor vertrek. Maar voordat ze uitvoeren, ging de bemanning, nu weer op volle oorlogssterkte, naar een bar aan de haven voor hun laatste maal aan wal: verrukkelijk, gemarineerd konijn met *papas arrugadas* – nieuwe aardappeltjes die in zulk zout water waren gekookt dat hun huid rimpelig werd en wit uitsloeg – in een licht pikante *mojo picón*, dat alles weggespoeld door een stevige rode wijn, 'appellation La Palma'. Klokslag vijf uur voer de *Mojito* met een wind van twintig knopen en een kalme zee ten slotte uit, op zoek naar de passaatwinden die hem naar Havana moesten brengen.

DAG 2

25° 42' 23" noorderbreedte

20° 01' 53" westerlengte

Schijn bedriegt

Ondanks de weersvoorspellingen op de radio en het mooie weer gedurende de middag van hun afvaart, en vóór het laatste schijnsel van Las Palmas en het draailicht van de vuurtoren uit zicht waren verdwenen, begonnen de eerste druppels van een vervelend drenzende regen te vallen, voldoende om iedereen die wacht had, een regenpak te doen aantrekken. Hun eerste nacht zou toch niet zo eenvoudig verlopen als ze hadden voorzien. Koers: 220, Z40W.

Enrique had bepaald dat de wachten zouden bestaan uit vier uur elk: met z'n tweeën, waarbij de een de leiding had en de hulp ervoor moest zorgen dat de stuurman wakker bleef. Het moesten er altijd twee zijn, een om alarm te slaan ingeval de ander overboord sloeg. Hij was op dit punt heel categorisch geweest – geen uitvluchten! Ook had hij de regel ingesteld dat niemand zich buiten mocht wagen zonder chemische lichtstick in zijn zak en 's nachts zonder een seinkegel en een strobolamp om de pols.

Door de opwinding van die dag bleef de bemanning lang na bedtijd natafelen om onder het genot van een paar flessen wijn over van alles en nog wat te zitten praten. Nadat hij zich vergeefs tegen de slaap had verzet, moest Toni als eerste welterusten wensen. Daarna gingen Enrique, Javier en Marta. De eerste wacht in de regen was voor César en Paco. De oudere man zou het roer overnemen. De jongste zou proberen de conversatie gaande te houden.

César en Paco ontdekten dat hun eerste wacht die nacht niet helemaal saai was. De zee werd in de vroege uurtjes ruwer, met golven van één, twee meter. Maar de harde wind beloonde hen met een gunstige wind. Bij het aanbreken van de dag concludeerde Enrique, die als eerste aan dek verscheen, dat de *Mojito* op koers was gebleven. Alles bij elkaar hadden ze reden tevreden te zijn. In de eerste uren van hun reis had de regen hun enthousiasme wat bekoeld, maar de wind stond voor hen in de goede hoek.

Maar nu ze de regenwolk achter zich hadden gelaten en het middagzonnetje weer stond te stralen, viel de wind plotseling weg naar kracht drie. Ze legden de laatste reef van het grootzeil uit, maar de boot had alle snelheid verloren; ze wilden zich er niet bij neerleggen dat ze praktisch ronddobberden en Enrique besloot nog een poging te wagen en gaf bevel de spinnaker te hijsen. Aan dek waren Javier en Marta, die wacht hadden, en ook César. Ze volgden Enriques orders maar wat graag op, want ze hoopten de best mogelijke tijd te realiseren; het 'aftellen' van de breedtegraden in het logboek was het beste middel om de jonge zeelieden aan te sporen. Ze gingen dan ook meteen aan de slag. Terwijl César het zeil met de bras en de schoot ophield, trok Javier in de stuurhut aan het val terwijl Marta de spinnaker optrok. Maar plotseling kreeg een onfortuinlijke windvlaag vat op de spinnaker en Javier, die de lijn niet had belegd, voelde het val door zijn handen schieten. Hij verstevigde zijn greep, maar voelde nu een akelige, branderige pijn; hij realiseerde zich dat hij zijn werkhandschoenen niet aan had.

'Spinnaker overboord!' schreeuwde hij.

'En verbrande handen!' reageerde César die het van pijn vertrokken gezicht van zijn vriend zag.

De *Mojito*, die een snelheid van vier knopen had, voer pal over het gevallen zeil heen, dat, zo wisten ze, aan de kiel zou vastraken; en als het echt tegenzat, zou het ook in de schroef te-

rechtkomen. Door het tumult als gevolg van het voorval was Enrique nu terug aan dek en trof er drie bemanningsleden aan die
de spinnaker aan boord probeerden te trekken. Maar het zeil gaf
zich niet gewonnen; het was duidelijk dat het niet eenvoudig
zou zijn hem uit het water te hijsen. Ze zouden de boot moeten
stilleggen. Terwijl César en Javier de spinnaker bij de schoot en
de bras vasthielden, pakte Enrique het stuurwiel en draaide de
Mojito loefwaarts.

'Je zal het water in moeten en hem moeten lossjorren,' riep
hij tegen Marta. 'Doe je veiligheidsharnas aan.'

'Mijn hemel, het water moet ijskoud zijn!' zei Marta terwijl
een rilling over haar rug liep.

'Nou ja, iemand zal het toch moeten doen,' zei César grijnzend vanaf de andere kant van de boot. 'Je gaat er echt niet dood
van.'

'Nee, dat zal wel niet. Maar kan iemand anders er niet in
springen?'

'Hé!' lachte Enrique. 'Ik zweer dat er in deze wateren geen
haaien zitten. Kom op, meisje, spring erin of die spinnaker
wordt helemaal doormidden gescheurd!'

'Ben je bang dat je zout water binnenkrijgt of zo?' riep Javier
haar toe.

Met een naïeve, maar ook schuldbewuste blik bekende Marta: 'Weet je, ik kan niet zo heel goed zwemmen.'

'Wel verdorie!' riep César uit, terwijl hij zijn T-shirt uittrok.
'Nou, pak aan dan, hou de schoot vast!'

Het water was inderdaad koud. Maar zoals Enrique had voor-
speld, zag hij geen haaien in de buurt. César bemerkte dat de
spinnaker gelukkig niet in de schroef vastzat en na een aantal
keren duiken wist hij hem los te krijgen van de kiel. Na een minuut of vijftien was hij weer aan boord, met klapperende tanden
van de kou. Nu trokken de vier bemanningsleden de spinnaker
met één ruk aan boord. Javier klom toen snel de mast in en haalde het val door het blok – geen kleinigheid bij golven van een

meter die de boot heen en weer deden rollen. Uiteindelijk hesen César en Marta de spinnaker, om dan van Javier daar in de hoogte te horen dat er een flinke scheur in zat. Maar intussen was de wind aangewakkerd tot dertig knopen en Enrique stelde vast dat ze prima konden varen met alleen de fok en het grootzeil.

'Probleem opgelost. Laat de spinnaker zakken als hij droog is en repareer hem dan. Ik ga naar beneden. Ik wil de weersvoorspelling horen voordat ik mijn wacht begin.'

'En ik ga mijn wonden verzorgen,' zei Javier terwijl hij hun de trieste staat van zijn hand liet zien.

'Tjee, je had ook handschoenen moeten aandoen,' zei César.

'Weet ik, weet ik.'

'Oké, laten we eens kijken of we niet wat voorzichtiger kunnen zijn. In dit tempo is de verbanddoos in een paar dagen leeg,' lachte Marta.

'Het wordt trouwens tijd dat je leert zwemmen, meisje. We zijn nu allemaal volwassen!' kaatste Javier met een grijns de bal terug.

'Daar heb je eerlijk gezegd gelijk in, maar het idee om in die diepten te duiken – ik vind het een beetje eng.'

'Maar je kunt toch wel aan de oppervlakte zwemmen?' vroeg Enrique. 'Want wat ben je voor een zeeman als dat niet zo is!'

'Ja, aan de oppervlakte kan ik me goed redden. Wat ik niet kan, is duiken.'

'Oké, dan is die spinnaker bij jou wel in goede handen,' zei Enrique terwijl hij weer benedendeks ging.

'Maak je geen zorgen,' zie Javier, 'Marta en ik hebben het gefikst vóór de volgende wacht begint. Je zult de scheur nauwelijks opmerken,' voegde hij er nog aan toe terwijl hij zich naar zijn helpster keerde.

Marta barstte in luid gelach uit, waardoor iedereen verrast opkeek; het hield ook zo lang aan dat ze ten slotte allemaal begonnen te lachen. Marta bleef maar lachen en als je dacht dat het ophield, begon ze weer, nog harder. Javier en César keken haar aan en deelden af en toe in haar vrolijkheid. Enrique keek verwonderd toe, maar kon zich ook nauwelijks inhouden. Toen hij hen zo bezig hoorde, stak Paco, die in de kombuis koffie opwarmde, zijn hoofd uit de ingang van de kajuitstrap.

'Krijg ik die mop ook nog te horen? Ik wil wel eens lachen.'

César en Javier hielden even op met gieren, keken elkaar aan en barstten weer in lachen uit.

'Ik heb geen flauw idee waar we om lachen,' zei Javier.

'Mijn hemel, die zeelucht moet in hun bol geslagen zijn,' zei Paco.

'Marta, waar lachen we eigenlijk over?' vroeg César.

Marta, die hijgend tegen de mast leunde, kon net uitbrengen: 'Willen jullie dat echt weten?'

'We hangen aan je lippen,' zei Enrique, met een brede glimlach.

'Ik weet niet eens hoe je een zeil repareert.' En ze barstte weer in lachen uit, net als César en Javier.

Paco en Enrique keken elkaar aan. Paco was sprakeloos; Enrique dacht dat ze tenminste blij mochten zijn dat de stemming aan boord uitstekend was.

Ten slotte zie Enrique: 'Oké, César, trek je T-shirt maar uit en spring in het water.'

'Voor deze vrouw doen we alles wat verlangd wordt,' zei César galant.

De vier lachten weer en Paco, die nog niet van zijn verbazing bekomen was, ging weer benedendeks naar zijn koffie. Toen hij weer verscheen, zag hij dat Enrique, Marta en César zaten te praten. Javier was eindelijk naar beneden gegaan om zijn hand te verzorgen.

'Het punt is dat we samen aan het zeilen zijn en elkaar niet echt kennen,' zei Enrique.

'Je hebt ons niet verteld dat je niet kunt zwemmen en geen zeilen repareren,' zei César tegen Marta.

'Niet kon dúíken,' verbeterde Marta hem.

'Met andere woorden, we weten niet precies met wie we reizen,' zei Enrique.

'Nou, dat is dan de schuld van ons allemaal,' zei Paco. 'Soms krijgen we een eerste indruk van iemand en weigeren dat beeld vervolgens bij te stellen. We denken dat we wel weten met wie we samen zeilen en willen verder geen vragen stellen.'

'Toen jij laatst zomaar die spinnaker binnenboord trok, gingen wij ervan uit dat je een ervaren zeerob was en dat je alles beheerste,' zie César.

'Nou, dan zaten jullie ernaast,' zei Marta. 'Niemand weet hoe hij alles moet doen. Maar je hebt gelijk, ik had moeten zeggen wat ik kan en wat ik niet kan, vooral omdat ik nieuw aan boord ben.'

'Maar hoewel wij elkaar in theorie beter kennen, zijn er bij ons vijven ook vast dingen die we nog moeten vertellen,' zei Paco. 'Je weet nooit alles van mensen wat er te weten valt.'

'Je hebt gelijk,' zie Enrique. 'Maar op het punt van werk moet je wel duidelijk zijn in wat je wel of niet kunt. Vooral omdat we iedereen dan kunnen belasten met klussen waarin ze het best zijn, zeker in een noodgeval.'

'Stel nu eens dat Marta overboord valt en niemand springt haar na omdat we ervan uitgaan dat ze kan zwemmen,' zei Javier, die aan dek kwam met zijn hand in een verband.

'Maar ik kan wél zwemmen!' protesteerde Marta.

'Je moet het zien als een voetbalteam,' zei Paco. 'Jullie weten toch dat ik voetbal? Nou, het is van groot belang dat iedere speler al zijn ploeggenoten vertelt wat zijn sterke en zwakke kanten zijn, waar hij goed in is en wat hij niet beheerst. Op die manier voorkom je een hoop onduidelijkheid en ergernis. Je gaat ook niet één keer bij elkaar zitten om alles door te nemen, nee, voetballers praten voortdurend over dit soort zaken. Zo weet iedereen hoe de ander speelt en halen ze het meeste uit de combinatie van talenten.'

'Het probleem is dat we vaak geneigd zijn etiketten op te

plakken en mensen in hokjes te stoppen. We beoordelen ze op basis van een eerste indruk en zijn dan niet meer in staat anders naar ze te kijken,' zei Javier.

'We nemen vaak de tijd niet om te praten. We zijn niet open over onszelf,' zei Marta.

'De waarheid is dat je iemand niet echt kent tót je met hem moet werken,' zei César.

'Het is belangrijk dat je iedereen vertelt wat je kunt en wat je weet en ook je zwakke kanten aangeeft. Op die manier krijgen de anderen een goed beeld van je,' zei Enrique. 'Het gaat erom dat je klaarstaat om anderen te helpen – en dat je toestaat dat anderen jóu helpen.'

'En je moet je ook niet schamen voor wat je niet weet en je moet ook niet indruk willen maken, met de wetenschap dat je alles kunt,' zei Paco.

'Dát is vaak het probleem,' zei Enrique. 'We zijn bang toe te geven dat we iets niet beheersen, uit vrees slecht over te komen.'

'Wat in wezen neerkomt op liegen, door dingen achter te houden,' zei Marta. 'En het eind van het liedje is dat je het vertrouwen van het team kwijtraakt.'

'Als je mensen lang afhoudt, maar vervolgens besluit dat ze je toch beter mogen leren kennen, blijkt dat ze al geen vertrouwen meer in je hebben,' zei Enrique.

'In mijn geval', zei Marta, 'waren jullie indrukken gebaseerd op wat je de eerste dag zag. Maar er is veel wat jullie niet van me weten.'

'Nou, we weten dat je een ondernemende, vastberaden persoon bent... En fysiek heel sterk,' zei Enrique. 'Ik heb alle vertrouwen in je vermogen met zeilen om te gaan en ze uit het water te trekken. Maar ik moet je zeker nog veel beter leren kennen.'

'Ik heb ook niet verteld dat ik niet kan koken,' lachte Marta.

'Maak je niet druk, ik ook niet,' zei Paco. 'Ik kan nog net een paar eieren bakken.'

'Te hard bakken dan,' zei Enrique. 'Die kant van je ken ik maar al te goed.'

'Wees daar niet zo zeker van. Ik heb de laatste jaren vooruitgang geboekt,' lachte Paco.

'Nou ja, daarom hebben we ook onze chef-kok,' zei Javier.

'Waar is Toni trouwens?'

'Die slaapt als een blok. Vandaag krijgen we vast soep met de lunch,' lachte César.

'Ik stel voor dat we die soep zelf maken en hem dan voor de lunch wakker maken. Na het eten kunnen we eens doen wat een hoop andere teams nooit voor elkaar krijgen: nadenken over wie we zijn, wat naar ons oordeel onze maten van ons zouden moeten weten, wat onze zwakke punten zijn, wat we weten, wat we prettig vinden en wat niet. En vervolgens maken we iedereen deelgenoot van onze gevoelens,' zei Paco.

'Een uur of drie is wel genoeg om te ontdekken wat een hoop mensen na jaren samenwerken nog niet te weten komen,' lachte Enrique.

Paco's idee viel in goede aarde. Het weer was prima om in de stuurhut te zitten. Goed gevoederd en goed geluimd brachten de zes zeelieden zo de namiddag door en vertelden aan iedereen wat volgens hen de anderen van hen zouden moeten weten. Het resultaat was uiterst bevredigend: toen ze klaar waren met hun verhaal, konden ze merken dat de banden tussen hen veel nauwer waren aangehaald. Nu wisten ze veel meer van elkaar en zodoende konden ze meer hun voordeel doen met ieders sterke kanten.

Het avondweerbericht voorspelde weinig goeds voor wie op een rustige nacht hoopten. Omstreeks zeven uur trok de wind ineens aan tot kracht vijf en donkere wolken aan lijzijde wezen op weer een stormachtige nacht. Om negen uur helde de *Mojito* in een ruwe zee met vijf meter hoge golven zo sterk over, dat ze hun koers moesten verleggen om het binnen nog een beetje aangenaam te hebben. Net voor het donker werd, lukte het César en Javier na nog een heel gedoe de scheur in de spinnaker te herstellen. Maar ze zouden tot de volgende dag moeten wachten voor ze hem konden hijsen en vol trots konden zien hoe het enorme rode ballonzeil, adembenemend mooi, zijn schaduw wierp op de *Mojito*.

Conclusie van de dag

Ken je teamgenoten en zorg dat zij jou kennen. Wees niet bang het beeld van jezelf aan te tasten.

DAG 3

24° 20′ 37″ noorderbreedte

21° 12′ 19″ westerlengte

Gevaar op drift

De nacht was zo onstuimig geweest dat zelfs de Mojito bij het aanbreken van de dag uitgeput was. Ze hadden de fok half opgerold en een dubbele reef in het grootzeil aangebracht. In acht uur hadden ze 72 mijl weten af te leggen, maar tot ontzetting van de hele bemanning was het allerergste nog dat toen het licht werd niets wees op een weersverbetering. Integendeel, rond zes uur wakkerde de wind verder aan tot 35 knopen met een 'aanschietende' zee (zeegang 5). César had via de ssb naar het weerbericht van La Rueda de los Navegantes geluisterd en het zag ernaar uit dat de storm uit het oosten pas in de middag zou gaan afnemen.

De bemanning maakte zich dan ook op voor een van die dagen waarop je een bovenmenselijke inspanning moet verrichten om niet ten prooi te vallen aan wanhoop. In de stuurhut worstelden Marta en Paco in hun regenpak met het roer om op koers te blijven. Het regende al enige tijd niet meer, maar door het constante slingeren van de boot en de kracht van de golven werden ze steeds weer doorweekt. Het volslagen gebrek aan enig zicht en de intense kou hielpen ook niet mee om dit soort tegenslag het hoofd te bieden. Alleen het schitterende schouwspel van tientallen vliegende vissen die over het dek scheerden, kon hen nog wat opmonteren. Eigenlijk, bedacht Marta, vlogen ze helemaal niet maar sprongen ze op, voortgedreven door hun staart. Met behulp van hun grote borstvinnen en de wind konden ze wel elf meter hoog opspringen en dan honderdvijftig meter doorzeilen.

Benedendeks strompelde de rest van het team mismoedig naar de hutten. Zelfs al hielden ze zich vast aan de aan het plafond bevestigde stangen, dan nog was het een heel gedoe om op de been te blijven. In zijn hut trachtte César vergeefs wat in zijn dagboek te schrijven, toen de Mojito plotseling overhelde en hem hardhandig tegen de grond wierp. Hij had het veiligheidsnet 'genegeerd', ondanks Enriques waarschuwing dat je bij zo'n windkracht gemakkelijk uit je kooi kon worden geslingerd. Halverwege de ochtend profiteerde Toni van een kleine opklaring en wist hij een aantal vliegende vissen van dek te halen, die samen met de prachttonijn van zes kilo die ze de dag ervoor hadden gevangen, een heerlijk vers en gezond maal zouden vormen – als hij zich met de storm tenminste staande kon houden in de kombuis. Toen hij weer beneden was en zijn vangst in de koelkast stopte, trilde de hele boot van een luide dreun aan bakboord.

'Wat was dat in hemelsnaam?' riep Javier die zijn hoofd uit zijn hut stak, waar hij wat probeerde te slapen na een afschuwelijke nacht op wacht.

Enrique stormde het dek op. Marta, die opgerold in een hoek van de stuurhut lag, probeerde de kou buiten te sluiten. En Paco aan het roer staarde naar een onzichtbare horizon, alsof hij met zijn ogen de dikke deken van mist kon breken. Geen van beiden had iets gezien.

'Waar zijn we tegenop gevaren?' vroeg Enrique, die zich aan bakboordzijde vooroverboog.

'Ik weet het niet,' zei Paco, die er in zijn gezicht vermoeid uitzag. 'Ik hoorde een bons, maar ik geloof niet dat het veel voorstelde.'

'Nou, beneden was het in ieder geval goed te horen,' schreeuwde Enrique. 'Daar aan die kant drijft een dikke boomstam.'

Hij sprong weer naar beneden en trok met hulp van Toni twee houten platen weg in de kajuit. Geknield inspecteerden ze onderruim, ribben en afsluiters. Alles zag er goed uit. Ze vonden geen lekken en opgelucht legden ze de vloerplaten weer terug. Toni, de enige wiens goede humeur niet had geleden onder het barre weer, bonsde op de deur van de hut waar César en Javier sliepen.

'Jullie hoeven niet je bed uit om te komen helpen. Geen schade!'

'Zinken we dan niet?' riep César sarcastisch vanuit de hut.

Javier, wiens botten pijn deden na de afschuwelijke nacht, weigerde te antwoorden en trok zijn slaapzak nog verder over zich heen; hij lag dicht tegen het veiligheidsnet aan. Met een ontevreden gebaar ging Enrique aan de kaartentafel zitten om het logboek te bekijken en een station te vinden voor het laatste weerbericht.

'We zijn wat van slag hè,' zei hij tegen Toni, die het apparaat waarin hij water kookte met beide handen boven de vlam probeerde te houden.

Om twaalf uur waarschuwden Paco en Marta de mensen beneden dat het tijd was voor de wisseling van de wacht. Toni opende de deur van de achterhut terwijl hij zijn regenpak aantrok.

'Wakker worden, schone slaper,' zei hij tegen César. 'Wij zijn aan de beurt om zeiknat te worden.'

Enrique, die aan de radiotafel zat, zag de vochtige plekken die Toni's laarzen hadden achtergelaten.

'Waar komt dat water vandaan?' vroeg hij.

Toni keek naar zijn voeten.

'Geen idee,' zei hij terwijl hij achter zich keek. Hij zag dat hij een spoor van natte zoolafdrukken had achtergelaten vanaf de kombuis en liep terug.

'Ik denk dat we hier water maken,' zei hij.

Op dat moment werd hij door een golf tegen Enrique gegooid, net toen deze de vloerdelen weer wilde oplichten. César stond zonder een woord te zeggen naar hen te kijken en trachtte zijn evenwicht te bewaren.

'César en Toni, jullie hebben wacht,' blafte Enrique. Vervolgens brulde hij zo hard hij kon: 'Javier, opstaan, je moet hier komen helpen!'

Omdat er geen antwoord volgde, bonsde Toni bij het langsgaan hard op de deur van de achterhut.

'Eruit, man! Kom op, werk aan de winkel!'

Javier keek met tegenzin naar buiten en kon zijn evenwicht maar met moeite bewaren.

'Snel, help me dit ding omhoog te trekken! Ik geloof dat we een lek hebben!' riep Enrique.

Ze zagen dat het onderruim onder de vloerplaten helemaal blank stond.

'Daar begrijp ik niks van. Toni en ik hebben hier twee uur geleden gekeken en we zagen geen lekken,' zei Enrique.

'Dat wordt hozen,' zei Javier. 'Ik haal de lenspomp.'

'En sponzen en handdoeken.'

Met de hulp van Marta en Paco en ondanks het heftige stampen van de boot was het veertig centimeter diepe onderruim in een halfuur compleet droog. Tijdens het pompen zagen ze dat het lek niet groot kon zijn, doordat het waterpeil snel zakte. Toen het ruim eenmaal droog was, viel het Enrique en Marta zelfs nog zwaar om het haast onmerkbare stroompje water te vinden dat via een scheurtje in de kit rond de rompdoorvoer van de dieptetransducer naar binnen lekte.

'Het moet die boomstam zijn geweest die ik vanochtend zag,' zei Enrique.

'Maar die kit kan toch oud zijn geweest en vanzelf zijn gaan scheuren,' zei Marta, niet overtuigd.

'Nee,' zei Enrique. 'Ik heb het onderruim zelf centimeter voor centimeter gecontroleerd voor we vertrokken en het was potdicht.'

Hoe dan ook, het probleem was op te lossen. Ze hadden zich goed geprepareerd voor hun vertrek uit Las Palmas en uit de gereedschapskist visten ze een tube sneldrogende siliconenkit waarmee het lek snel gerepareerd werd. Terug aan dek zei Paco met een ongelukkig gezicht:

'Het was onze schuld. We hebben die boomstam niet gezien.'

'Hoe moesten we die dan zien?' zuchtte Javier. 'Met dit soort weer zie je geen hand voor ogen.'

'Dat is geen excuus,' zei Marta. 'Juist in dit soort weer moet je het meest alert zijn.'

'We zijn allemaal down, de wachten zijn zwaar en het ziet er niet naar uit dat het weer voorlopig beter wordt,' trachtte Enrique hen te troosten.

'Ja, net nog vroeg ik me af hoe ik in deze waanzin beland ben. Ik ben bekaf,' zei Javier.

'Maar we laten ons niet uit het veld slaan door één storm. Alle stormen gaan voorbij en morgen schijnt vast en zeker de zon weer. En dan zijn we alweer vergeten wat voor rotdag we vandaag hadden,' zei Enrique.

'Je hebt helemaal gelijk. Terwijl we wachten tot de storm voorbij is, moeten we ons een beetje oppeppen. Kop op!' zei Marta.

'Zoals een vriend van me, een leraar, altijd zegt: je kunt de dingen niet alleen fysiek doen zonder je hoofd erbij te hebben,' lachte Paco.

Javier ging aan tafel zitten; hij legde zich er maar bij neer dat van slapen niets meer zou komen. De wacht van die nacht had er bij hem in gehakt en nu zag hij een toekomst die even donker was als de wolken boven zijn hoofd. Maar zijn kameraden hadden wel gelijk: iedereen had de beslissing om mee te gaan in alle vrijheid genomen. En nu ze eenmaal op zee waren, moesten ze ook achter die beslissing blijven staan en alle energie en moed verzamelen om de reis te voltooien. Omdat hij wel vermoedde wat er in Javier omging, legde Enrique een hand op zijn schouder en ging naast hem zitten.

'We moeten elke dag tegemoet treden met dezelfde gemotiveerdheid en energie die we twee dagen geleden hadden toen we uit Las Palmas vertrokken – ten behoeve van iedereen. Dan genieten we niet alleen veel meer van wat we doen, maar dan doen we het ook beter en onze voldoening zal oneindig veel groter zijn.'

Paco, die op Marta leunde met de evenwichtskunst van een koorddanser, sprak met een helderheid die alleen te danken kon zijn aan vier uur afschuwelijke wacht.

'Soms denk ik dat er mensen zijn die maar half van hun leven genieten en het ook maar half leven, omdat ze maar de helft van zichzelf stoppen in wat ze doen – die op hun werk aan de problemen in het gezin denken en thuis aan problemen op het werk. Ze storten zich niet ergens volledig, met hun hele ziel en zaligheid, in en op.'

Javier moest glimlachen; hij moest denken aan situaties die hij goed kende.

'Precies. Als je aan het vissen bent, let dan op je hengel. Als je aan het kokkerellen bent, moet je de pannen niet uit het oog verliezen. En als je wacht hebt, mag je geen seconde afgeleid zijn.'

'Als we tijdens de wacht beter hadden opgelet,' zei Marta, 'zouden we die rotboom niet hebben geraakt!'

'En het ergste is nog dat we niet eens beseften dát we hem raakten!' lachte Paco.

'We waren zo down en bezig met onze onbeduidende probleempjes, met onze eigen gevoelens, dat we geen aandacht hadden voor wat er echt toedeed,' zei Marta.

'"Loop niet te piekeren om bepaalde dingen, dóé er wat aan," zei een vriend van me die in de Himalaja heeft geklommen,' zei Paco.

'Jij bent de man met de pasklare zegswijzen,' lachte Marta.

'Maar je vriend heeft wel gelijk!' zei Javier glimlachend.

'In mijn privéleven', zei Enrique, 'heb ik af en toe opgemerkt dat de kwaliteit van het leven afhangt van de vraag of je wel het meest uit ieder moment haalt. Het gaat er niet om dat je meer tijd met iemand samen bent, maar dat je het beste van jezelf inbrengt op de momenten dat je met die persoon samen bent. Het gaat dus niet om meer tijd in je leven te stoppen, want de tijd is beperkt. Het gaat erom meer "leven" in onze tijd te stoppen – dat je de tijd benut om dingen te doen die je met hart en ziel doet.'

'Kwaliteit, niet kwantiteit, zogezegd,' zei Marta.

'Dat is de beste manier om alles uit jezelf te halen, of het nu gaat om zwaarwichtige zaken of om plezier maken,' zei Paco.

Nu ze zich wat beter voelden, besloten de vier bemanningsleden zo veel mogelijk rust te nemen. In de namiddag, toen de storm afnam en de zee snel kalmer werd, verscheen Toni's hartverwarmende glimlach bij de ingang van de kajuitstrap.

'Kom eens kijken! We hebben een paar dolfijnen als escorte!'

Conclusie van de dag

Als je iets doet, doe het dan met hart en ziel, met al je geestelijke en lichamelijke energie, met al je enthousiasme, voor honderd procent.

DAG 4

23° 23′ 00″ noorderbreedte

23° 15′ 04″ westerlengte

Brand aan bakboord!

Aan boord van de *Mojito* brak de dag aan en het duo op wacht beschouwde de eerste lichtstralen en het rustige geklots van de golven tegen de romp als een geschenk uit de hemel. Vanaf de achterplecht keek Enrique naar de eerste zonnestralen boven de horizon en een aangename tinteling liep langs zijn ruggengraat. Hij schudde onwillekeurig met zijn hoofd en kneep zijn ogen dicht. Toen hij ze weer opendeed, zag hij dat zijn droom de werkelijkheid was. De vierde dag aan boord was begonnen en Havana was al een paar zeemijlen dichterbij gekomen. Ze vorderden goed, met een windkracht vier en een licht golvende zee. Je kon de 23e noorderbreedtegraad bijna aanraken; ze zouden algauw de Kreeftskeerkring passeren en dan in tropische wateren terechtkomen. De avond tevoren had Paco de scheepsklok een uur teruggezet en daarom was het nu twee uur vroeger dan op het Iberisch Schiereiland. Als ze deze snelheid erin hielden, zouden ze in vier, vijf dagen op 20° noorderbreedte zitten, waar ze de passaatwinden moesten vinden die hen naar Cuba zouden brengen.

Naast hem keek César op zijn horloge: nog vijftig minuten en Paco en Toni zouden hen aflossen op de wacht. Hij hoopte maar dat ze op tijd uit hun kooi konden komen. De nacht ervoor waren ze allemaal tot in de kleine uurtjes aan dek gebleven. Niemand van de opvarenden had na die stormdag blijkbaar veel zin gehad om te gaan slapen en liet zich rustig heen en weer wiegen tijdens de eerste kalme nacht na hun vertrek. Om vier uur in de ochtend, toen Enrique en César de wacht hadden, ging de rest van de bemanning dan toch naar bed. Toen de hutlichten uit waren en alleen de drie boordlichten de wake hielden van het zeilschip op het water, sloten vader en zoon zich ten slotte op in hun eigen gedachten en maakten de balans op van hun wensen, verwachtingen en doelstellingen. César was een groot deel van zijn wachttijd alleen daarmee bezig. Hij was blij aan boord van de Mojito te zijn, maar had tegelijkertijd ook een beklemmend gevoel van angst in zijn maag. Het was het verwarrende van elk nieuw begin: de uitdagingen, de verwachtingen die met deze reis samenhingen. Hij wist dat zijn vaders grootste droom in vervulling ging. En dat hij al het mogelijke moest doen om die droom te verwezenlijken.

Toen de eerste schittering van de zon boven de horizon te zien was, wekte Enrique César zachtjes uit zijn sluimering. César sprong overeind. Ze hadden nog net een halfuur voor de wisseling van de wacht. Volgens de procedure die ze hadden ingesteld, moest hij vóór zijn beurt voorbij was de apparatuur controleren, inclusief zeilen, GPS en watertanks. Toen hij zag dat de accu's zo goed als leeg waren, stelde hij zijn vader op de hoogte.

'Natuurlijk, de lichten waren bijna de hele nacht aan,' zei Enrique. 'We zetten de generator wel aan, maar laten we wachten tot iedereen op is. Het ding maakt een rotherrie.'

Toen iedereen op was en Paco en Toni de wacht hadden, gingen er weldadige mokken hete zwarte koffie rond en koesterden ze zich in de warmte van een nog laagstaande zon die een mooie dag voorspelde. In de voorhut was Enrique zich aan het wassen toen hij een kleine explosie hoorde met onverstaanbaar geschreeuw. Hij deed zijn broek dicht en met ontbloot bovenlijf stak hij zijn hoofd in de kajuit, vanwaar hij een zwarte rookzuil kon zien die aan bakboordzijde opsteeg en over het water een verontrustend spoor van zo'n twee meter achterliet. Javier sprong al naar beneden om hem te halen.

'De generator staat in brand!'

'Schakel de accu's uit, snel! En neem de gereedschapskist mee!'

Javier wist dat de schakelaars aan bakboordzijde onder een bank in de achterhut zaten. Hij knielde en voelde wat met zijn hand. Zonder moeite vond hij de schakelaar en draaide eraan.

Op dat moment kwam César, gevolgd door Marta, binnen-rennen, roepend: 'De brandblusser! Die moet in een vak onder de bank bij de mast zitten.'

In een mum van tijd vlogen er kussens, tijdschriften, jacks en wat Marta, Javier en César nog meer op de banken aantroffen door de lucht van de kajuit. Helaas heeft Murphy vaak gelijk en vonden ze de brandblusser pas achter in het laatste vak dat ze doorzochten. Toen rende Paco al door de kajuit met een emmer water en zou die over de generator en Enrique gooien die pro-beerde te achterhalen waar de rook vandaan kwam.

'Niet doen!' schreeuwde Enrique nog juist op tijd. 'Ben je gek geworden? Het is een elektrische brand!'

Op dat moment was het César en Javier gelukt de veiligheids-ring van de brandblusser te trekken en zonder zich tweemaal te bedenken zetten ze het dek van het schip en verder iedereen die er was onder een wit schuim. Na een paar seconden was de rook verdwenen en had de frisse ochtendbries de scherpe geur van verbrand plastic – die ervoor had gezorgd dat ze bijna hun hoofd kwijt waren – verdreven.

Enrique liet zich op een bank zakken; hij zat onder het schuim. Paco haalde een handdoek en gooide hem die toe. En César, Javier en Toni stonden er als wassen beelden bij; ze wa-ren sprakeloos door alle gebeurtenissen die zich voor hun ogen hadden afgespeeld.

'Wat er gebeurde weet ik niet,' zei César ten slotte. 'Ik mors-te wat benzine bij het vullen van de tank en toen ik de generator startte, vatte hij meteen vlam.'

Enrique zweeg; hij had zijn ogen halfdicht en klemde zijn kaken op elkaar.

'Heeft iemand die accu's nu uitgeschakeld?'

'Dat was ik,' zei Javier.

'Onmogelijk. De automatische piloot staat aan.' Iedereen luisterde en jawel, onder hun voeten konden ze het onmiskenbare gezoem van het apparaat horen. Enrique kwam overeind alsof zijn lichaam dertig kilo extra woog, transpirerend ondanks zijn ontblote bovenlijf en de winterkou, en ging naar beneden. Hij kwam weer terug, nu helemaal aangekleed en verklaarde: 'Er zitten drie schakelaars. Je hebt alleen de motor afgezet, maar niet de systemen of de neutraalschakelaar. Daarom functioneert de autopilot nog steeds.'

'Dat wist ik niet,' zei Javier die naar de grond keek.

'Oké, rustig maar; laat dit op je inwerken,' zei Enrique. 'Tenslotte heeft niemand iets opgelopen. We zijn er nog. De boot, de zeilen, de wind – geen haan die ernaar kraait.'

Hij ging benedendeks om naar de generator te kijken. Met de hulp van Paco kwam hij erachter dat het vuur alleen een stuk draad van zo'n halve meter en een slang van het koelsysteem had aangetast. Het was duidelijk dat het vuur niet was veroorzaakt door kortsluiting, maar door een vonkje van de startinrichting dat de gemorste benzine had doen ontvlammen. Terwijl Marta, Javier en Toni de stuurhut schoonmaakten en de kajuit opruimden, verving Enrique de beschadigde onderdelen van de generator en na nog geen uur begon de motor tot ieders opluchting weer te pruttelen. Vóór de lunch wilde Enrique beraad in de stuurhut; de heldere winterdag wenkte hen naar buiten.

'Wat er vandaag is gebeurd, laat zien dat we ondanks al die maanden van voorbereiding nog altijd niet in staat zijn in een noodsituatie als een team samen te werken,' zei Enrique met een ernstig gezicht. 'Er waren een aantal fouten, kleine stomme dingen die niettemin ernstige gevolgen gehad zouden kunnen hebben. Gelukkig is er niets gebeurd, maar dit is wel een gelegenheid om onszelf af te vragen wat we verkeerd hebben gedaan en om te reorganiseren.'

'Ik morste wat benzine op de generator. Ik denk dat het daarmee allemaal is begonnen. Ik dacht op dat moment dat het niet uitmaakte, net zoals je weleens wat benzine morst bij het voltanken van je auto – dus, ja?' zei César.

'Laten we hiermee beginnen. Wanneer je de generator start, zorgt die voor een vonk, net als alle andere handmatig bediende startmotoren. Die vonk belandde in de benzine en deed hem ontvlammen, waardoor de draad weer ging branden. Je wist het niet, maar dat was nou precies de eerste fout die er werd gemaakt.'

'Ik wilde helpen. Het leek ook zo'n simpel klusje.'

'Maar ik had je niet uitgelegd hoe je het moest doen. En je vroeg me er ook niet naar.'

'De hele boot had wel in de fik kunnen vliegen,' zuchtte Javier.

'Nee,' antwoordde Enrique. 'De generator voedt de accu's en de accu's voeden het elektrische systeem. Het vuur zou niet zijn overgeslagen op het elektrische systeem. Toen ik tegen je zei de accu's af te koppelen, was dat puur een voorzorgsmaatregel. Maar nu komt de tweede fout: je zette alleen de motor af.'

'Ik wist niet dat er drie schakelaars waren. Ze zitten achterin verstopt.'

'Precies.'

'We wisten ook niet waar de brandblusser was. Daarom waren we zo lang bezig om hem te vinden,' voegde Marta eraan toe.

'Daar werd ook de derde fout gemaakt. Jullie wisten alle drie niet waar de brandblusser was en Javier wist niet dat er drie schakelaars zijn. Welke gevolgtrekking moeten we hieruit maken?'

'Dat we allemaal, op dertig vierkante meter, midden op de

oceaan zitten, met nog vijftien dagen te gaan voordat we weer vasteland zien, en dat we niet weten hoe een hoop dingen werken, waarom ze er überhaupt zijn en waarvoor ze dienen,' zei Paco.

'Klopt. Sinds de taken zijn verdeeld, zit iedereen tot over zijn oren in het werk. Maar we sluiten ons wel af, ieder van ons in zijn eigen "tijdcapsule", alsof we de rest van onze "tijdreis" daar kunnen blijven zitten.'

'En als iemand niet aanwezig is en er doet zich een noodsituatie voor, kunnen de anderen die situatie zonder hem niet aan. Omdat we echt geen idee hebben hoe we het werk van een ander moeten doen,' zei Paco.

'Zo is het maar net, mijn vriend. We moeten anderen laten delen in wat we weten en niet zo stom zijn die kennis voor onszelf te houden.'

'Maar zo gaat het vaak wel,' zei Javier. 'Ik ben zoveel mensen tegengekomen die anderen niet precies willen vertellen wat ze doen omdat ze bang zijn dat iemand dan hun baan inpikt.'

'Ik ken studenten aan de universiteit die niet eens hun aantekeningen uitwisselen!' zei Toni met een lach.

'Dat is geen slimme attitude. Het probleem is dat we diezelfde opstelling hier aan boord van ons schip zijn tegengekomen,' zei Enrique.

'Je hebt gelijk,' zei Marta. 'Soms gebruiken we onze kennis alleen voor onze eigen machtspositie. Wie maakt zich nou druk om wat er elders gebeurt.'

'Maar dat is een valkuil,' zei Paco. 'Je moet juist scheutig zijn met je eigen kennis en voldoende interesse tonen om anderen te vragen je uit te leggen wat je niet weet.'

'Ik weet zeker dat wij hier allemaal best onze kennis willen uitwisselen,' zei Marta.

'Ik denk dat we bepaalde dingen soms niet aan andere mensen vertellen omdat we egoïstisch en zelfzuchtig zijn – gemakzuchtig ook,' zei Paco.

'Ja, maar ik wilde ook graag een klus doen die niet tot mijn taken behoorde,' zei César sip.

'Op zich was daar niets mis mee,' zei Enrique. 'Het probleem is dat je je niet realiseerde dat het morsen van een beetje benzine zoveel problemen kon veroorzaken. Het is beter ergens af te blijven als je niet precies weet wat je aan het doen bent.'

'Ieder van ons is een specialist op zijn of haar terrein. Maar dat betekent niet dat we onze kennis niet moeten delen met het oog op het beter functioneren als team,' zei Paco. 'We moeten op zijn minst in staat zijn de brandblusser te vinden in een noodsituatie zoals vandaag!'

'En wat jou betreft, je krijgt van mij een paar lessen in het blussen van branden,' zei Enrique lachend. 'Ik begrijp nu waarom je niet in de wieg gelegd bent voor brandweerman. Waar heb je geleerd een emmer water op een elektrisch vuur te gooien?'

'Om je de waarheid te zeggen,' zei Paco, 'ik heb in mijn leven niet zo erg veel branden geblust.'

'Wie had dat gedacht?' zei Javier. 'Volgend jaar zomer kun je je aanmelden bij de vrijwillige brandweer.'

'Ha, de schrik van de brandweerlieden!' zei Toni. 'Jou sluiten ze nog eens op in het gevang, pyromaan!'

Na hun welverdiende middagsiësta, met Javier en Toni op wacht, waarbij de perfect getuigde boot een flinke snelheid maakte over een vlakke zee, gingen de zes bemanningsleden weer bij elkaar zitten in de stuurhut; ze hadden lijstjes van wat iedereen wist en wat ze naar hun mening met elkaar moesten delen. Iedereen besefte algauw hoe weinig ze op de hoogte waren van de taken van de andere opvarenden. Maar omdat het ondoenlijk leek om alle kennis uit te wisselen die iedereen in de maanden van voorbereiding had opgedaan, besloten ze de punten op hun lijstjes te beperken tot de wezenlijkste, dringendste onderdelen van hun taken, en spraken ze af de komende dagen nog meer informatie ter tafel te brengen.

Voortgestuwd door een bakstagswind, sneed het schip met

een snelheid van zes knopen door het water. De lucht was vervuld van optimisme: ze konden al bijna de warmte van de lang verbeide tropische wateren voelen.

DAG 5

22° 18' 81" noorderbreedte

25° 11' 52" westerlengte

Problemen aan de haak

'We zijn juist de Kreeftskeerkring gepasseerd,' meldde Paco na een blik op de GPS.

Dat nieuws vierden ze die ochtend met een ontbijt dat zich des te beter liet smaken. Na vijf dagen op zee waren ze vier graden naar het zuiden en bijna zes graden naar het westen gereisd – bepaald niet slecht. In dat tempo moesten ze volgens hun berekeningen op 4 januari Havana bereiken.

'Nu we in tropische wateren zitten, vangen we misschien wel een vis,' zei Javier.

'Doe niet zo vervelend!' zei César.

'Nou, we hebben anders in geen dagen iets vers te eten gehad, niet sinds de eerste dag toen we die tonijn vingen!'

'Dat was de tweede dag, Javier, zo lang is dat niet geleden,' zei Enrique.

'Oké, ik wil alleen iets proberen te vangen. Waarom varen we niet wat langzamer?'

'We moesten maar van de wind profiteren zolang die er is,' zei Paco.

'Maar bij acht knopen is de enige vissoort die snel genoeg is ook te groot voor het vistuig dat we hier hebben.'

'Maak je geen zorgen, gun het wat tijd. De lijn is uitgeworpen. Op den duur hebben we wel beet,' zei Enrique.

'Waarom zetten we geen groter lokaas in?'

'Mijn God!' zei Toni. 'Oké, werk met een ander lokaas als je dat leuk vindt.'

Javier keek naar de rest van de bemanning om te zien of men met een teken te kennen gaf dat men het goed vond. Toen er niets kwam, sprong hij overeind en vloog weg om het lokaas te verwisselen. Terwijl hij daarmee bezig was, koos hij ook voor een dikkere lijn – voor het geval dat... – En na de zeilen te hebben gecontroleerd, vroeg hij iedereen hem te waarschuwen als ze beet hadden.

'Ik wil hem zelf binnenhalen,' zei hij. 'Toen we die tonijn vingen, hebben jullie me niks verteld. Ik wist niet eens wat er speelde.'

'Je sliep, Javi,' zei César.

'Nou, maar deze keer wil ik hem zelf "landen".'

Het was even voor twaalven toen Marta, op wacht in de stuurhut, het onmiskenbare hoge snorgeluid van de molen hoorde die snel werd afgerold. Ze draaide zich om naar het achterschip en zag dat de hengelstok gebogen was, kromgetrokken door een enorme last. Ze hadden een grote vis aan de haak. Ze keek om zich heen, maar toen ze zag dat er verder niemand aan dek was, boog ze zich voorover, pakte de stok vast en riep: 'We hebben beet!' Ze was nog niet uitgesproken of Javier stormde de stuurhut binnen. Als een bezetene duwde hij Marta opzij en rukte de stok uit haar handen. De lijn stond op breken. Wat er ook aan het uiteinde van de lijn mocht zitten, groot was het wel.

'Stop de boot!' schreeuwde hij. 'Laat de zeilen vieren!'

Verbluft zat Marta hem alleen maar, met open mond, aan te kijken.

'Vooruit! Ga daar niet zitten zitten! Doe iets! Zo ontsnapt-ie!'

Marta aarzelde en liep toen langzaam in de richting van de schootklem en liet vervolgens de schoten van grootzeil en fok vieren. Enrique en César, die op Javiers geroep aan dek waren gekomen, draaiden de voorsteven van de *Mojito* in de wind. In een mum van tijd lag de boot volstrekt stil, met klapperende zeilen in de sterke bries. Maar Javier ging helemaal op in zijn strijd op leven en dood met zijn prooi.

'Haal een net! Hij ontsnapt! Snel!'

Toni en César haalden een net en zagen dat de vis sterk genoeg leek om de lijn te breken.

''t Ziet ernaar uit dat we een flinke tonijn hebben,' zei Toni.

'Wat doet het er nou toe of hij groot of niet is, help me met
vangen!' blafte Javier.

'Zo zul je hem nooit binnenhalen. Je zal hem eerst moeten
drillen,' zei Toni. Toen hij zag dat de vis op de boot afkoerste,
riep hij uit: 'Kijk uit! Laat de lijn niet verslappen!'

'Je hoeft me niet te zeggen wat ik moet doen!' schreeuwde Javier. 'Nu! Pak hem!'

Toni leunde voorover met zijn net, maar toen de vis dat zag,
draaide hij om en schoot weg in de richting vanwaaruit hij was
gekomen.

'Hij is ontsnapt, stommeling!' schreeuwde Javier.

'Hé, rustig aan een beetje,' zei César. 'Je hoeft niet zo opge-
fokt te doen.'

'Laat me alleen! Ik pak hem zelf wel!'

'Je zegt 't maar,' zei Toni op gespannen toon; hij liet het net
vallen en liep weg.

Een uur lang vocht Javier met de vermeende tonijn, maar het
leek wel een jaar. Talloze malen haalde hij hem in en evenzovele
keren liet hij hem weer vieren. De vis leek niet van zins toe te geven. In plaats van afgemat te raken, trok hij alleen maar harder
wanneer Javier erin slaagde hem naar de achtersteven te trekken. Deze reageerde met het vervloeken van de vis en zichzelf en
met klagen over de geringe hulp die hij van de anderen kreeg.
César zat wel naast hem ingeval hij moest bijspringen met het
net, maar hij zei geen woord. In de tropische ochtendzon stond
de rest van de bemanning, minus Marta, het tafereel vanuit de
stuurhut te bekijken en vroeg zich verbaasd af wat er was gebeurd met de gevoelige, gelijkmoedige Javier die ze kenden.
Marta was intussen naar haar hut gegaan, ontzet over het gedrag
van de hysterische visser.

Zoals te verwachten viel, had de nu gedrilde vis ontdekt dat de beste manier om weg te komen niet bestond in wegzwemmen van de boot, maar zich eronder verstoppen. Hij trok hard in die richting en plotseling knapte de lijn, waardoor Javier hard met zijn rug op het dek belandde. Paco, Enrique en Toni kwamen aanrennen. César stond met open mond naar hem te kijken. Javier, ineens stil geworden, lag op zijn rug met zijn benen opgetrokken alsof hij zich nog steeds in een zittende houding bevond; hij hield de hengelstok ook nog steeds uit alle macht vast. In het verblindende zonlicht kon hij slechts een groep silhouetten onderscheiden die dreigend dichterbij kwamen. Zijn maag trok samen door het intense gevoel gefaald te hebben, door de verlammend werkende deceptie. Paco wekte hem uit zijn bitter gestemde lethargie.

'Waarom leg je je benen niet neer? Dat is een stuk prettiger.'

De stem kwam van rechts en Javier draaide zijn ogen die kant uit. Hij keek Paco een ogenblik (een eeuwigheid leek het) aan, liet plotseling de hengel los, ging overeind zitten en begon te huilen als een baby.

'Wat is er aan de hand?' informeerde Enrique.

'Hij is me ontsnapt! Hij is me weer ontsnapt!' snikte Javier.

'Ik bedoel, wat is er met jóú aan de hand. Ik heb je nooit eerder zo zien doen.'

'We dachten altijd dat je zo relaxed was, en nu ben je al een uur als een gek aan het schreeuwen,' zei Paco.

'Het spijt me,' zei Javier, met droefenis in zijn stem. 'Ik verloor mijn zelfbeheersing.'

'Ja, dat hebben we gezien. Je schold je vrienden uit en je duwde Marta weg.'

'Marta!' herinnerde Javier zich. 'Ik verloor mijn kalmte. Het spijt me echt!'

'Heb je dit wel vaker?' vroeg Enrique.

'Ik weet het niet... Ja, ik moet toegeven dat het af en toe gebeurt. Dan verlies ik mijn geduld. Ik raak zo geobsedeerd door iets dat ik niets anders meer zie. Ik weet niet wat ik dan doe.'

'Het past helemaal niet bij je,' zei Enrique.

'Ik heb me schandalig gedragen.'

'Maak je niet druk,' zei Paco bemoedigend. 'Jij bent niet de enige in de wereld die daar last van heeft. Gelukkig ben je als rationeel denkend wezen in staat je emoties in bedwang te houden.'

'Maar als ik zo word, kan ik niet helder denken,' bracht Javier daartegenin.

'We kunnen onszelf allemaal in de hand houden,' zei Enrique.

'Maar zo ben ik nu eenmaal en dat valt erg moeilijk te veranderen, ben ik bang.'

'Daarin vergis je je,' zei Paco. 'Als je je gevoelens kunt benoemen, als je ze kunt diagnosticeren, kun je ze ook in de hand houden. Als je dat echt wilt natuurlijk.'

Javier was nijdig op zichzelf en voelde zich beschaamd tegenover de anderen. Ze hadden een kant van zijn karakter ontdekt dat hij altijd had genegeerd. Maar in feite had hij de laatste tijd steeds vaker last van dit soort reacties. Hij voelde zich geïrriteerd, boos. Zijn gevoelens zetten hem aan tot gedragingen die in scherp contrast stonden met het beeld van volwassenheid dat hij altijd had proberen uit te dragen. In ieders aanwezigheid had hij zich gedragen als een verwend kind dat jengelt en trammelant schopt wanneer het zijn zin niet krijgt. Het zat hem verschrikkelijk dwars dat hij die kant van zichzelf had laten zien en hij had het gevoel dat zijn relatie met de anderen voortaan anders zou zijn. Want nu wisten ze veel meer van hem dan hij eigenlijk wilde.

César onderbrak zijn overpeinzingen. 'Javi,' zei hij zachtjes, 'vanwaar die obsessie met vissen?'

Javier voelde een soort schok die hem uit zijn gesomber haalde. Er was wel een verklaring!

'Weet je... toen jullie laatst die tonijn vingen, was ik er niet

bij. En tijdens al die weekeinden vóór de reis dat we gingen varen, heb ik ook niets gevangen. Ik wilde zo graag een vis vangen. Dat is al sinds ik een klein kind was een obsessie van me.'
Zonder een woord te zeggen keken de anderen elkaar aan.
César en Toni wisten dat Javiers relatie met zijn familie verre van gelukkig was.
'Het klinkt misschien stom, maar voor mij was het een van de ellendigste momenten in mijn leven. Ik was elf. Ik was met mijn vader aan het vissen op de golfbreker in Rosas en hij sloeg een grote vis aan de haak. Ik vroeg of ik die mocht binnenhalen. Dat wilde hij niet. Maar ik bleef zeuren tot hij me ten slotte de hengel overgaf. De vis ontsnapte.'
Hij haalde diep adem voor hij verderging.
'Ik zal nooit die blik vol afkeer in zijn ogen vergeten toen hij tegen me zei: "Zie je nou wel? Ik zei toch dat je hem kwijt zou raken!" Ik mocht zijn hengel nooit meer vasthouden en na een poosje wilde ik niet meer met hem gaan vissen. Toen we uit Las Palmas vertrokken, kwam die oude obsessie weer boven, denk ik; ik dacht dat ik het op deze reis eindelijk zou kunnen rechtzetten. Ik moest voor mezelf bewijzen dat ik echt wel kan vissen. Stom hè?'
'Nee,' antwoordde César. 'Dat is niet stom.'
'Maar wíj hoeven toch niet te boeten voor je vaders fouten,' zei Paco.
'Natuurlijk niet,' zei Javier bedrukt. 'Ik schaam me echt voor de manier waarop ik me heb gedragen.'
'Er is altijd een reden voor wat we doen,' zei Enrique. 'Een traumatische gebeurtenis, stress, angst, verantwoordelijkheden. Maar dat rechtvaardigt onze daden nog niet. Onze gevoelens zouden ons moeten helpen, niet moeten kwetsen.'
'Als wat er vandaag met je gebeurde nog eens gebeurt,' zei Toni, 'moet je je realiseren wat er aan de hand is voordat je weer driftig wordt. Krijg jezelf in de hand voordat je opstuift.'
'Dat is gemakkelijker gezegd dan gedaan.'

'Daarin vergis je je, Javier,' zei Paco. 'Allereerst moet je je negatieve gevoelens, je tekortkomingen in kaart brengen. En je moet ze willen corrigeren. Daarna kun je gaan zoeken naar manieren om ze onder controle te krijgen.'

'Ik had eens een zakenpartner met een heel opvliegend karakter,' zei Enrique, 'en vaak wees ik hem daar ook op. Zijn "korte lontje" zorgde voor tal van problemen met de staf. Ze hadden een kijkje op een man die zich bij het minste of geringste afreageerde op anderen. Tot ik hem eens apart nam en hem dringend verzocht zulke onaangename situaties te vermijden. Tot mijn verrassing begon zijn gedrag bij stukjes en beetjes te veranderen; na enige tijd vroeg ik hem bij een kop koffie hoe hij dat had klaargespeeld. Hij vertelde me toen wat hij stap voor stap deed als hij voelde dat hij nijdig werd en op ontploffen stond. Het eerste was: stoppen, diep ademhalen, niets doen en – vooral – niets zeggen.'

'Het klassieke "tot tien tellen",' merkte Toni op.

'Precies,' glimlachte Enrique. 'Gewoon een kwestie van ademhalen, zorgen dat er zuurstof in je bloed komt, dat je spieren ontspannen en dat je hersenen de tijd krijgen om rustig te reageren, zonder gevolg te geven aan de eerste opwelling. En dan denken: waarom word ik eigenlijk boos?'

'Een diagnose van de oorzaak,' zei Paco.

'Je slaat de spijker op de kop. Stap drie is dan jezelf de vraag stellen: wat zijn de alternatieven om deze situatie het hoofd te bieden. Hoe kan ik het probleem benaderen zonder in zo'n toestand te geraken? Op dit punt is het van belang verder te kijken dan je neus lang is en te zien waartoe de mogelijke alternatieven leiden.'

'Ja, je moet begrijpen dat die andere weg kan leiden tot een veel prettiger oplossing voor iedereen. In plaats van iedereen af te snauwen kun je de situatie op een verstandelijker manier oplossen,' zei Paco.

'Zolang je maar over deze dingen nadenkt,' zei Enrique, 'heb je genoeg tijd om kalm te worden. Je irritatie neemt af. En dan kun je de situatie van een andere kant bekijken.'

'Ja,' lachte Javier, 'en als die vis al ontsnapt is, heeft het geen zin zo tekeer te gaan hè?'

'Zo is het maar net. Het verstandigste wat je kunt doen, is wachten tot er op een andere dag een andere vis toehapt, wanneer je meer relaxed bent en hem zonder een rood aangelopen hoofd kunt binnenhalen,' zie César.

'Maar ik had ook geen geluk,' klaagde Javier. 'Ik heb een uur lang voor niets gevochten. De goden waren tegen me.'

'Wat verwacht je nou van de goden? Met al dat gevloek!' lachte Toni.

'Het punt is', zei Enrique, 'dat de meeste mensen niet de moed hebben om te doen wat mijn vriend wel deed. Ze nemen niet de tijd om na te denken over hun tekortkomingen, om aan zelfonderzoek te doen. Ze gaan liever op de oude voet verder met als treurig excuus: zo ben ik nu eenmaal. Een hoop mensen willen niet veranderen omdat dat zou betekenen dat ze worden geconfronteerd met hun eigen fouten; ze laten dus toe dat hun gevoelens hun leven bepalen, terwijl het andersom zou moeten zijn. Emoties zijn prima en je moet ze ook niet onderdrukken, zolang ze van nut kunnen zijn. Maar als ze je leven gaan beheersen, dan gaat er iets mis.'

'Ik ben het helemaal met je eens,' zei Marta, die stilletjes vanachter hen opdook. 'Emoties, verwachtingen, aandriften, passies. Allemaal belangrijk, maar we mogen niet toestaan dat ze ons leven beheersen.'

'Marta, het spijt me erg,' zei Javier op smekende toon. 'Vergeef het me.'

'Het zij je vergeven. Maar ik vraag je wel je impulsiviteit onder controle te houden. Dat scheelt je een hoop narigheid – niet alleen hier aan boord, maar in de rest van je leven.'

'Helemaal mee eens!' zei Javier. 'Vanaf vandaag ga ik proberen mijn emoties in bedwang te houden zodat ze mij niet langer beheersen.'

Conclusie van de dag

Bekijk jezelf in de spiegel. Ken je emoties en leer je reacties in bedwang te houden. 'Zo ben ik nu eenmaal' is geen excuus. Je bent wie je wilt zijn.

DAG 6

21° 12' 65" noorderbreedte

26° 37' 90" westerlengte

Totale windstilte

De vorige dag was de wind in de namiddag aanzienlijk afgenomen en was de stemming van de bemanning navenant gezakt. De passaatwinden woeien maar een paar graden zuidelijker, maar ze konden er net zo goed duizenden mijlen vandaan hebben gezeten. Voor degenen die wacht hadden, was het een vreselijke nacht geweest, bij een snelheid van maar net twee knopen en met een boot die heen en weer schommelde op een misselijkmakende deining. Met een ingenomen fok en met lange golven die de Mojito heen en weer deden schommelen, hadden ze de hele nacht niet meer dan zeven mijl weten af te leggen.

Hun angstige vermoedens werden bewaarheid toen hun zesde reisdag begon met totale windstilte. De wind was geheel en al weggevallen; de zee werd ten slotte kalm en zorgde voor een spookachtige stilte in de vroege ochtend. Na het ontbijt, toen César en Toni aan dek kwamen voor de aflossing van de wacht, werden ze geconfronteerd met een onthutsende aanblik: een heldere, doorschijnende horizon, zonder ook maar een enkel wolkje om de uitgestrektheid te doorbreken, strekte zich voor hen uit achter een niet te peilen, duizelingwekkende watervlakte. De Mojito lag er geheel verstild op, als een vlinder die vastgeprikt zit op het imposante blauwe vlak van de zee. De enige beweging was die van de kalmste aller zeeën; zelfs de mast ging nauwelijks heen en weer en wees recht de lucht in. De zon, die

nu snel opkwam, dreigde de dag te veranderen in een beweging-
loze hel.

'Ik denk dat de wacht heel rustig wordt,' zei Toni.

'We kunnen net zo goed het grootzeil laten zakken,' zei César. 'Het heeft geen zin die te voeren.'

Marta en Paco begroetten hun opvolgers met een kneepje in
de schouders en een 'Kop op, jongens!' De apathische uitdrukking op hun gezicht weerspiegelde de lange uren van nietsdoen
in de stuurhut, waarbij ze verlangend hadden uitgekeken naar
het aanbreken van de dag, die een beetje wind had moeten brengen. Maar hun wensen waren niet verhoord en de situatie leek
nog erger dan die van een Toeareg die zonder water ronddoolt in
een zee van vormeloze zandduinen. Opeens werd César overvallen door een vlaag van paniek.

'Wat gebeurt er als de wind nooit meer terugkomt?' vroeg
hij.

Toni moest lachen bij die gedachte.

'Dat lijkt me hoogst onwaarschijnlijk. Dan was er sprake van
een meteorologisch verschijnsel dat op zijn minst door de hele
wetenschappelijke gemeenschap zou moeten worden bestu-
deerd.'

'Maar stel dat we hier blijven zitten', ging César verder, 'en
dat we door niemand worden gevonden.'

'Nou, daarom hebben we ook een motor, een schroef en
tweehonderd liter dieselbrandstof in de tank,' zei Toni geamu-
seerd.

'Ja, maar we zitten een heel eind van de wal. We hebben niet
genoeg brandstof voor dat hele eind.'

'Iemand vindt ons heus wel.'

'Stel dat dat niet gebeurt. Dan zitten we voorgoed op een
boot.'

'Je bent niet goed bij je hoofd,' zei Toni. 'Dat is toch onmogelijk. Hoe zit het met de radio? Waar is die anders voor?'

César gaf geen antwoord. Hij was van slag door de verontrustende stilte die over hen was gekomen. Hij begon wanhopig te worden.

'Ik mis Elena, weet je,' zei hij ten slotte.

'Aha! Dus al dat paranoïde gedoe is alleen maar een aanval van sentimentaliteit?' lachte Toni.

'Ja toe maar, lach maar. Ik moet de hele tijd aan haar denken. Ik dacht dat ik er beter tegen kon.'

'Ik lach je niet uit. Ik mis ook iemand.'

'Dat meisje in Las Palmas?' vroeg César met iets van sarcasme in zijn stem.

'Welnee. Mijn familie, mijn zusje, mijn vrienden, de tv, mijn jacuzzi, mijn bed!' pruttelde Toni en deed of hij moest huilen.

'Je bedoelt dat je liever niet met mij slaapt?'

'Ik bedoel dat ik betere bedgenoten ken.'

Op dat moment dook Javier op; hij zag eruit of hij net uit bed was gekomen. Aan de horizon nog geen golfje te zien.

'Tjee, het is snikheet! Ik denk dat het een mooie dag wordt, of niet?'

César en Toni keken hem zwijgend aan. De eerste zat, de tweede stond, met één voet op een bank. Het zweet sijpelde van hun slapen. En het was pas acht uur in de ochtend.

'Op dit soort dagen', zei Javier, 'vraag je jezelf af of je wel goed bij je hoofd was toen je besloot aan boord van deze badkuip te komen. Missen jullie ook niet wat vaste grond onder de voeten?'

'Begin jij ook al?' zei Toni. 'Wat is er vandaag aan de hand?'

In de kombuis dronken Enrique en Paco hun eerste kop koffie van die ochtend, terwijl ze hun positie bestudeerden op een kaart die de hele tafel in beslag nam.

'Ik heb de indruk dat de jongens een beetje in mineur zijn,' zei Paco. 'Moet je ze horen zeuren daar aan dek. Ze hebben wat last van heimwee.'

'Ze vervelen zich,' zei Enrique. 'Er valt vandaag aan boord weinig anders te doen dan wachten.'

'Laten we ze een beetje helpen. Wat vind je?' zei Paco en dronk zijn mok leeg.

'Jij hebt de leiding. Waar denk je aan?'

'Dat zul je wel zien.'

Ze vouwden snel de kaart op en gingen het dek op. De drie knapen zaten bij elkaar, zonder een woord te zeggen, ieder verzonken in zijn eigen gedachten. Paco ging op een van de banken naast Javier zitten.

'Als je terugkijkt,' zei hij, 'ziet het verleden er altijd beter uit dan het heden. We zijn geneigd onze ervaringen mooier voor te stellen en onze herinneringen komen vaak niet overeen met de werkelijkheid. Maar ze kunnen ons ook snel van ons stuk brengen.'

César, Javier en Toni keken elkaar aan.

'Ik stel voor een spelletje te doen,' zei Paco. 'Als jullie nu eens om beurten vertellen wat jullie dachten dat er zou gebeuren als jullie aan dit avontuur zouden deelnemen – waar jullie op hoopten en wat jullie aan het eind van de reis verwachtten te ontdekken.'

De jongens keken hem glazig aan.

Paco schraapte zijn keel en ging verder: 'Die reis, die oversteek, het pad dat ons naar ons doel leidt, kan worden bemoeilijkt door een obstakel of door een probleem dat we uit de weg moeten ruimen. Als dat doel ons niet helder voor ogen staat, als we ons niet kunnen indenken hoe opgewonden we ons zullen voelen wanneer we daar aankomen, dan missen we wellicht de energie, de kracht, de overtuiging, het doorzettingsvermogen en de motivatie om over de teleurstellingen heen te komen.'

'Men zegt dat kinderen die een helder beeld hebben van wat ze "later" willen worden, vaak ook worden wat ze in hun droom hebben gewenst,' zei Enrique. 'Mensen hebben dromen nodig. Daarmee krijg je een helder beeld van de toekomst en wordt je de weg gewezen om er te komen.'

'Laten we daarom eens hardop dromen,' zei Paco. 'Wat verwachten jullie van deze reis? Wat gaan jullie doen als we in Havana aankomen? Ik wil het horen met alle details die erbij horen, met de kleinste dingen die je kunt bedenken: beelden, muziek, mensen, geuren en kleuren. Ik wil jullie zien zoals jullie jezelf zien als jullie je ogen dichtdoen. Probeer het zo te doen dat wij jullie droom beleven.'

'Ik ga de hele dag de Malecón op en af paraderen en vertel de Cubaanse meisjes hoe ik de oceaan ben overgestoken,' lachte Toni. 'En als ik dan thuiskom, ga ik bij mijn vrienden langs en zeg hun: "Zie je wel? Ik heb het gedaan". Die meiden worden helemaal stapel op me.'

'Jij verandert ook nooit,' zei Javier hoofdschuddend.

Toni's stem kreeg een serieuzere ondertoon toen hij verderging: 'Nee, zonder gekheid. Ik weet dat zodra we terug in Barcelona zijn, ik een baan zal moeten zoeken, hard moet werken en aan de *rat race* van de echte wereld moet beginnen: vroeg uit de veren, de prikklok, het jasje-dasje. Voor mij is deze reis een soort afscheidscadeau aan mezelf, het eind van een fase in mijn leven, het afscheid van vrijheid en ongebondenheid. Mijn enige doel is dan ook er zo veel mogelijk van te genieten, het avontuur bewust te beleven en Havana te bereiken. Om dan, als ik weer thuis ben, met vrienden samen te zitten, hun de foto's te laten zien, hen keer op keer lastig te vallen met mijn "oorlogsverhalen" en hun te zeggen: "Ik heb het gepresteerd! Mij maak je niks!"'

'En dan teer je op je herinneringen?' zei César.

'Waarom niet? Zoals Paco net zei, ziet het verleden er altijd beter uit dan het heden. Ik zal proberen ervoor te zorgen dat deze reis mijn beste herinnering wordt.'

'Dat is een mooie slotzin,' zei Paco. 'Ik begrijp je gedachtegang. Maar doe niet zo melodramatisch, dit is je laatste reis toch niet.'

'Het is het onzinnigste dat ik ooit heb gedaan. Het staat met stip bovenaan.'

Javier mengde zich in de discussie.

'Mijn dromen zijn misschien wat concreter. Mij gaat het om de ervaring, om persoonlijke groei. Hoewel dat op dagen als deze onmogelijk lijkt.'

'Ga verder,' zei Enrique.

'Ik weet het niet – een soort "heldendaad" om mezelf te bewijzen dat ik kan bereiken wat ik me ten doel heb gesteld, voordat ik naar Barcelona terugga en een baan ga zoeken. We bevinden ons in een cruciale fase van ons leven. We hebben onze opleiding afgerond en van nu af is het menens. Ik wil "met opgeladen batterijen" thuiskomen, met voldoende energie om als winnaar uit de bus te komen.'

'Een heel ambitieus doel,' zei Enrique. 'Maar onmogelijk is het niet.'

'Ik wil een winnaar zijn. En die droom begint met deze reis,' zei Javier.

'Hoe stel je je de aankomst in Havana voor, Javier?' vroeg Paco.

'In de haven staat mijn familie me op te wachten. Ik denk dat we die wel de dag van tevoren hebben kunnen waarschuwen. Mijn moeder knuffelt me en mijn vader staat naast haar en kijkt vol trots naar me. De reis draag ik aan hem op. Hij heeft me geleerd sterk te zijn en inzet te tonen. Als ik deze reis volbreng is dat de beste manier om hem te laten zien dat ik zijn lessen ter harte heb genomen.'

'En jij, César? Wat zijn jouw dromen?' informeerde Paco.

'Ik denk dat jullie allemaal mijn verhaal wel kennen. Mijn vader had me beloofd dat we deze oversteek zouden maken wanneer ik achttien werd. Maar hij bleef het maar uitstellen. Het gaat dus om een droom die ik heel lang heb gekoesterd, van kindsbeen af. Ik heb de reis wel honderden keren in mijn verbeelding gemaakt. En ik heb mijn droom altijd willen verwezenlijken en hier willen zitten, midden op die uitgestrekte, open zee, alleen omringd door de golven; en dan maar doorzeilen, naar onze bestemming. Havana is het doel dat we ons hebben gesteld. Maar soms zou ik willen dat het eindpunt veel verder lag zodat we voor eeuwig konden doorvaren.'

'Dat is onmogelijk,' zei Paco.

'Je vroeg toch wat mijn dromen behelsden. En in een droom is alles mogelijk. Trouwens, ik zei "soms". Op dagen als deze wil ik ook het liefst een stukje vaste grond onder mijn voeten voelen. Om de waarheid te zeggen, mijn doelen zijn niet zo helder als die van Javier en Toni. Voor mij is deze reis een doel op zich. En ik heb natuurlijk ook wel nagedacht over de aankomst, maar ik heb veel en veel vaker gedroomd van de oversteek.'

'Is het zoals je gedacht had?' wilde Enrique weten.

'Ik weet het eigenlijk niet! Het is zwaar – zwaarder dan ik dacht dat het zou zijn. Maar uiteindelijk geniet ik ervan. De moeilijke perioden maken het avontuur meer de moeite waard. Als de dingen gemakkelijk gaan, hebben ze ook niet veel om het lijf.'

'Dat ben ik helemaal met je eens,' zei Toni.

'Wat onze aankomst betreft,' ging César verder, 'ik kan me de opwinding voorstellen die zich van ons meester maakt als in de vroege ochtend de skyline van Havana uit de mist opdoemt. Ik zie zeemeeuwen die ons komen begroeten. Ik ruik de onmiskenbare geur van salpeter en benzine. En ik kan in de haven alle mensen onderscheiden die druk bezig zijn in een van de levendigste steden op de wereld.'

'Ik zie een haven voor me vol mulattenmeisjes die mijn naam roepen,' lachte Toni.

Ze moesten allemaal glimlachen. De ontregelende heimweegevoelens van die ochtend waren omgeslagen in een inspirerend optimisme. In de stilte klapperden de zeilen zachtjes.

'Het heeft er alle schijn van dat de zee weer tot leven komt,' zei Enrique. 'Met een beetje geluk zorgt dat voor wat wind.'

'Mooi!' zei Paco. 'Voelen jullie je nu wat beter, nu jullie je dromen onder woorden hebben gebracht?'

'Een stuk beter!' zei Toni.

'Het is een feit dat je soms dingen doet zonder dat je precies weet waarom en waar je naartoe wilt. Daarom geef je er ook gemakkelijk de brui aan,' zei César.

'Natuurlijk begrijp ik het nu. Als je een duidelijke voorstelling hebt van wat je wilt en je hebt er een goed beeld van in je hoofd, vind je ook de energie om het te realiseren. Dat beeld moet je inkleuren en van details voorzien en je moet er tijd aan besteden – je moet het beeld steeds weer oproepen,' zei Javier melancholiek.

'Zo gaat het bijvoorbeeld ook in de zakenwereld,' zei Enrique. 'Wanneer je je eigen bedrijf begint, heb je allerlei voorstellingen van hoe de toekomst eruitziet. Die zijn nuttig om je doel te blijven nastreven. Wanneer je je een beeld vormt van de eindbestemming, weet je, zodra je uit je droom komt, welke weg je moet nemen omdat je die al in je hoofd hebt zitten.'

'Ik heb een heel ander voorstel,' zei Paco terwijl hij opstond. 'Het is zondag. Waarom proberen we de radio niet, om te zien of we met onze familie kunnen praten? Ze zullen nu wel thuis zijn.'

Marta en Enrique betrokken de wacht. De wind was opgestoken tot drie beaufort en met de schoten van fok en grootzeil ver uitgevierd, begonnen ze langzaam de zee te beploegen. De dag beloofde wel geen snelheidsrecords, maar ze zouden de rest van de dag tenminste niet doorbrengen met het gevoel helemaal vast te zitten.

Conclusie van de dag

Stel je je de toekomst voor – droom. Bedenk waar je dan zou willen zijn en wat je zou willen zijn. Op een dag ben je wat je wilde zijn en ben je op de plek waar je naartoe wilde.

DAG 7

20° 48′ 58″ noorderbreedte

29° 19′ 00″ westerlengte

Koersverandering

De strakke hemel en de halve bol van de zon, waarvan de schitterende schijf oprees uit een kalme, glinsterende zee, schilderden een harmonieus zeegezicht, van onnavolgbare perfectie.

'Wat een prachtige dag!' riep César uit, toen hij zijn hoofd uitstak.

Javier kwam achter hem aan en glimlachte.

'Het is kerstavond', zei hij, 'en we hebben het weer mee.'

De gezichten van Enrique en Paco straalden van voldoening toen hun twee jonge scheepsmaten aan dek verschenen om hen af te lossen. Maar ze moesten nog even wachten, want César en Javier hadden besloten een weldadige douche aan dek te nemen, waarbij ze een emmer aan een lijn uitwierpen en fris water uit zee ophaalden.

'We krijgen vandaag een speciaal ontbijt!' kondigde Javier aan terwijl hij zich droog schudde. 'Toni maakt gebakken eieren met spek.'

'Mmm. Er gaat niets boven een warm ontbijt om de demonen van de nacht mee te verjagen,' zei Paco.

'Op wat voor demonen doel je?' zei César die zich met een handdoek droogwreef.

'Op spoken,' zei zijn vader.

'Spoken?' lachte Javier. 'We zijn al een beetje te oud voor spookverhalen, vind je niet?'

'Heb je wel eens gehoord van spookschepen?' Paco keek er heel serieus bij. 'We hebben er vannacht twee gezien.'

César hield op met wrijven. Hij had wel een aantal verhalen gelezen over schepen die op onverklaarbare wijze opdoken en weer verdwenen.

'Zeker. Om circa drie uur in de ochtend', zei Enrique, 'zagen we opeens het dek en de boordlichten van twee schepen vanuit het westen deze kant op komen, aan stuurboordkant.'

'Vandaar?' vroeg César en wees naar een leeg stuk zee verderop.

'Ja.'

'De grootste van de twee', vervolgde Paco, 'kwam meer uit het noorden. Toen ze onze kant uit kwamen, gingen ze steeds dichter tegen elkaar aan varen.'

'Op een gegeven moment zag het ernaar uit dat we allemaal op hetzelfde punt op elkaar zouden botsen,' zei Enrique ernstig.

'Waarom kwamen jullie ons dat niet vertellen?' zei César.

'Daar hebben we wel aan gedacht, maar toen kwamen we tot de conclusie dat jullie toch niets konden doen, behalve je zorgen maken. We waren trouwens zelf best wel bang. Maar na een uur of zo, toen het ernaar uitzag dat ze op elkaar zouden botsen, losten ze simpelweg op.'

'Wat?' riep Javier ongelovig uit.

'Ze waren weg,' zei Paco. 'De lichten verdwenen gewoon.'

'Hadden ze die uitgedaan?' vroeg César.

'Ik heb geen flauw idee. Geen spoor meer van ze te vinden. Het ging zoals we hebben verteld. We hadden goed maanlicht, je kon de horizon duidelijk zien en we hebben de verrekijker erbij genomen. Maar er was daar niets te zien.'

'We dachten dat het misschien smokkelaars waren, of piraten,' zei Enrique. 'Daarom besloten we onze lichten ook maar uit te doen, zodat ze ons niet konden zien als ze daar nog ergens rondhingen. En ik ben ervan overtuigd dat ze er nog waren. Ik heb genoeg verhalen gehoord over eigentijdse zeerovers.'

'Maar... bestaan die echt?' Javier leek verontrust.

'Die bestaan. Er zijn tal van verhalen over zeiljachten en zelfs grote schepen die worden geënterd en leeggeroofd door piraten. Ik heb gehoord dat ze de bemanning dan vaak overboord gooien, de vrouwen aan boord verkrachten en vervolgens de boot kelderen – nadat ze alles wat de moeite waard is hebben meegenomen.'

'Maar als ze daar nog steeds lagen, hadden we ertegenop kunnen varen!' zei César opgewonden.

'We hebben de koers verlegd en zijn een paar uur meer zuidwaarts gevaren,' zei Paco. 'Om een uur of zes, toen de zon opkwam en er geen schepen te bekennen waren, hernamen we onze oude koers.'

'Jullie hadden Paco moeten zien,' lachte Enrique. 'Hij was doodsbang. Hij had de lichtkogels de hele nacht klaarliggen!'

'Wat had je dan met die lichtkogels willen doen?' vroeg Javier.

'Het zijn toch vuurwapens, of niet soms?' lachte Paco. En hij voegde er ernstig aan toe: 'Ik moet toegeven dat ik bang was. Maar er is niets gebeurd en we zijn er nog.'

'Ik vergeef het jullie nooit dat je ons niet gewaarschuwd hebt,' zei César.

'Nou gebeurt er eindelijk iets opwindends,' zei Javier.

'Iets opwindends?' zei Enrique lachend. 'Sinds we uit Las Palmas vertrokken is er geen dag voorbijgegaan of er gebeurde wel een of andere ramp!'

'Nou, het ziet ernaar uit dat het vandaag rustig blijft,' zei Javier. 'Kijk, daar hebben we Toni. Tijd om te ontbijten!'

De kok kwam naar boven met zijn spatel nog in de hand en riep uit: 'Tjee, flinke bries hè?'

Het was waar: voordat iemand het besefte, was de wind plotseling twintig graden naar het noorden gedraaid. De boot helde over naar bakboord.

'Je hebt gelijk. Net blies hij nog uit het zuiden!' riep Paco uit.

'Wispelturig is de wind,' zong Enrique. 'We kunnen maar beter zeil bijzetten. Kom op jongens, samen kunnen we de zeilen in een mum van tijd trimmen.'

Ze lieten de schoten vieren en het schip helde nu over naar stuurboord. Maar toen draaide de wind weer en begon tegelijkertijd af te nemen. Na een paar minuten was hij afgezwakt tot zeven knopen. De Mojito viel terug tot een slakkengangetje.

'We zullen de spinnaker moeten hijsen,' zei Paco.

Toni begon nu zijn geduld te verliezen.

'Als we eerst eens ontbeten?'

'Dat heb je nou met zeilen,' riep Enrique uit. 'Een kwestie van prioriteiten. Kom op, er is werk te doen!'

'Maar kunnen we niet wat anders proberen?' protesteerde Javier.

'Tuurlijk. Wat dacht je van de wind omturnen?' Paco glimlachte terwijl hij aan het fokkenval trok.

Javier en Toni keken hem aan; ze konden zijn opmerking niet bepaald grappig vinden.

'Denken jullie soms dat we de windrichting kunnen veranderen?' zei Paco, nog steeds lachend. 'Nee, we moeten de koers bijstellen. Kunnen we dan de kracht van de wind wijzigen? Nee, we moeten de zeilen aanpassen.'

Terwijl César en Paco de spinnaker hesen, viel de wind compleet weg en lag de Mojito stil. De spinnaker, die ze niet eens helemaal hadden kunnen uitzetten, hing er slap en troosteloos bij.

'We kunnen hem maar beter weer laten zakken. Anders blijft hij nog ergens aan haken,' zei Enrique.

Javier en Toni verstarden: als bij toverslag bedekte een dikke donkere stormwolk het laatste stukje van de zon, die even daarvoor nog had staan stralen.

'Wat een veranderingen. Is dat wel normaal?'

'Het komt door die spoken in de nacht,' lachte Enrique. 'Die staan klaar om ons een kunstje te flikken.'

'Wat praten jullie over spoken?' vroeg Toni, nog altijd met de spatel in zijn hand.

Niemand kon hem antwoord geven, want op dat moment dwong een sterke tegenwind hen snel van koers te veranderen. De zee, die een ogenblik eerder nog kalm was geweest, begon ruwer te worden, met golven die de Mojito hevig heen en weer gooiden.

'Toni!' schreeuwde Paco. 'Waar heb je de eieren neergezet?'

'Op tafel,' antwoordde hij terwijl hij zich afvroeg of ze zouden vragen of hij aan dek wilde komen.

'Nou, dan moeten ze nu wel op de grond liggen,' zei Enrique. 'Spring naar beneden en kijk of je nog wat kan redden.'

Toni schoot weg via de kajuitstrap, maar gelukkig was Marta, wakker geworden door alle herrie aan boord, al bezig hun ontbijt van de vloer op te vegen.

'Ze zagen er zo lekker uit,' klaagde Toni.

'Nou, je zult het alleen met de geur moeten doen,' zei Marta.

Het schip helde scherp over naar bakboord, waardoor Toni tegen Marta en zij beiden tegen de eettafel aanbotsten.

'Breng onze regenpakken!' riep César door het trapluik. 'Het giet!'

Toni en Marta keken elkaar aan. Ze waren liever weer naar bed gegaan, zonder zich te bekommeren om wat er buiten aan de hand was, maar ze haalden hun schouders op en deden wat hun gevraagd was. Buiten waren Paco, César en Javier, door- en doornat, aan het worstelen met het grootzeil, waarin ze een rif trachtten te leggen om de boot recht te krijgen, terwijl Enrique met het roer vocht. De autopilot wilde niet functioneren.

'We zullen met de hand moeten sturen,' zei hij bij zichzelf.

Acht eindeloze uren lang waren de zes bemanningsleden in de weer om adequaat te reageren op het steeds veranderende weer. Acht uren waarin ze herhaaldelijk de fok innamen en weer uitzetten, het grootzeil reefden, de spinnaker hesen en weer lieten zakken, en de koers bijstelden om aan de beukende golven te ontkomen. Rond de middag waren de gezichten getekend door vermoeidheid; tijdens de weinige rustige ogenblikken probeerden ze drie man tegelijk op wacht te hebben, zodat de rest van de bemanning rust zou krijgen. Maar het weer vergunde hun geen respijt: ze waren nog niet naar beneden gegaan of ze moesten weer naar boven om te helpen bij weer een verandering in de situatie.

'Ik word er helemaal mesjogge van,' zei Toni.

'Je zult ermee moeten leven, jongen,' antwoordde Marta. 'Aan het weer valt niets te doen.'

'Maar wat me dwarszit, is dat we niet op koers liggen. We varen al uren in de verkeerde richting.'

'Toch is dat het beste wat we nu kunnen doen,' zei Marta.

'We kiezen de oude koers weer zodra de storm geluwd is!' riep Enrique vanuit de stuurhut. 'We hebben nu geen andere keus dan ons zo goed mogelijk aan de situatie aan te passen.'

'Geen storm houdt constant aan,' zei Marta, die César hielp met het weer innemen van de fok. 'Achter de wolken houdt zich altijd de zon schuil. En die komt zo weer tevoorschijn.'

'Ik denk eerder dat deze storm ons de genadeklap geeft,' zei Toni.

Vroeg in de middag, na een even verbazingwekkende weersomslag als die in de ochtend, nam de wind tot twintig knopen af. De zee werd egaler en het dek van de *Mojito* ging niet langer op en neer als de rug van een wild paard; de zeilen bolden en stuwden de boot nu zachtjes voort. In slechts een paar uur tijd had de storm plaatsgemaakt voor rustig weer en tussen het openbrekende wolkendek verscheen de zon weer die meer straalde dan ooit. De gitzwarte lucht, de bulderende winden en de neerkletterende regen die hen het grootste deel van de dag hadden vergezeld, leken nu niet meer dan een boze droom.

'Wonderlijk,' zei Enrique, die het roer losliet en overschakelde op de autopilot.

De hele bemanning stond zonder een woord te zeggen in de stuurhut te kijken naar de zee en de lucht. Javier trok zijn regenpak uit. Toni en César ploften neer op een bank. Zo'n tien minuten lang heerste er volstrekte stilte aan boord. In het prachtige zonlicht zei Marta:

'Dat is nou de natuur: soms vriend, soms vijand.'

'Nou, vandaag hebben we er flink van langs gekregen,' zei Toni.

'Je dient voorbereid te zijn op verandering,' zei Paco. 'Je moet je weten aan te passen en ook los te komen van de routine.'

'Dus wat maakt het uit wanneer je je koers verlegt en een tijdje een omweg maakt?' zei Enrique. 'Later ga je weer terug naar je oorspronkelijke route en dat was het dan. En de tijd die we hebben verloren, kunnen we weer goedmaken zodra we de passaatwinden te pakken hebben.'

'Het belangrijkste is niet je oriëntatie te verliezen, geduldig te blijven en intussen alles te doen wat mogelijk is,' zei Marta.

'Het is als het leven zelf,' zei Enrique. 'Hoe graag je dat ook zou willen, de wereld om je heen kun je niet in de hand houden. Je zult je dus in de loop van je leven moeten aanpassen, moeten meegeven als je klappen oploopt. Anders raak je het spoor helemaal bijster.'

'Maar een feit is dat de meeste mensen helemaal niet reageren,' zei Paco. 'Ze doen niks. Ze wachten af of de wereld om hen heen misschien verandert. Het enige wat ze doen is zeuren, uitvluchten verzinnen voor zichzelf, anderen de schuld geven en alles en iedereen vervloeken. Het is alsof je tegen de wind schreeuwt dat hij moet ophouden met waaien. En als je hun vraagt wat ze doen om uit de ellendige situatie te komen, zeggen ze dat er niets aan te doen valt.'

'Het zijn slachtoffers van de omstandigheden,' zei Marta.

'Dan heb je nog de mensen die er zo lang over doen om zich aan te passen dat wanneer ze eindelijk besluiten uit hun luie stoel op te staan, het te laat is,' zei Javier.

'Precies, je moet niet wachten tot de zaken uit de hand lopen,' zei Marta. 'Je moet altijd voorbereid zijn op verandering, zonder je eindbestemming en de weg ernaartoe uit het oog te verliezen.'

'Oké, nu er niets urgents te regelen valt, kunnen we misschien wat eten?' zei César. 'Ik ben uitgehongerd!'

'Kom op! Iedereen naar de kombuis voor extra energie, dan
zet ik intussen de koers uit,' verordonneerde Paco. 'Hé Toni, die
eieren kun je net zo goed aan de vissen voeren.'

Toni glimlachte.

'Waarom pakken jullie niet een snelle hap terwijl ik een speciaal kerstavondmaal klaarmaak: lendenbiefstuk in zwartepe-
persaus. Wat dachten jullie daarvan?'

'Mmm. Klinkt helemaal niet slecht,' zei Enrique. 'Maar hoe
kom je midden op zee aan een lendenstuk?'

'Verrassing! Dat heb ik in Las Palmas gekocht en helemaal
onder in de vriezer verstopt.'

'Mooi. Dat is zeker goed nieuws!'

'Ik hoop dat het weer ons rustig laat eten,' zei Toni met een
blik op de lucht.

'Als het niet te koud wordt, kunnen we aan dek eten,' zei Enrique. 'Als in een soort kerstspel.'

'Dan wil ik het kindeke Jezus zijn!' lachte Toni.

'Een betere voor die rol is er niet,' zei Enrique. 'Ik ben de ezel
– dat past mij het best.'

Paco lachte en gaf Enrique een vriendschappelijk klapje op
de schouder. Nadat het slechtste weer dat ze gedurende zeven
dagen op zee hadden gehad, bijna hun kerstavond had verziekt,
was alles weer normaal. Paco was er zeker van dat wind, zee en
lucht hun gunstig gezind zouden zijn in die onvergetelijke
nacht.

Conclusie van de dag

Veranderen is je verbeteren, je ontwikkelen, groeien. Veranderen betekent leven, flexibel zijn, je open-stellen. Neem het roer in handen. Te midden van de moeilijkheden zie je je kansen.

DAG 8

19° 58' 00" noorderbreedte

31° 34' 00" westerlengte

Een kerstgedachte

De ochtend van 25 december. Met theebeschuit en amandelcake verliep het kerstontbijt met veel gelach en verwijzingen naar de avond ervoor. Zoals Paco had gehoopt, hadden de elementen meegewerkt om hun diner in een oase van rust te laten plaatsvinden. Het feestje aan dek had nog voortgeduurd tot in de kleine uurtjes. Javier en César hadden de boot versierd met kleurige serpentines die wapperden aan het tuig. De *Mojito* koerste, met al zijn lichten aan, trots en sierlijk over de Atlantische Oceaan. Na het overvloedige diner had de bemanning zich teruggetrokken in de stuurhut om er hun speciale versie van het kerstspel rond Jezus' geboorte op te voeren. Marta speelde vanzelfsprekend de Maagd Maria. Javier vertolkte Jozef. César en Enrique ondergingen een opmerkelijke zoömorfe gedaanteverwisseling: ze werden os en ezel. Paco speelde de engel. Toni werd, zoals hij had gevraagd, het aanbeden kindeke Jezus. Geheel volgens de kersttraditie vloeiden de zoete wijn en de champagne rijkelijk en een paar bemanningsleden gingen wel erg op in hun rol. In een vlaag van tederheid grepen Javier en Marta elkaars handen en kusten elkaar liefdevol en langdurig, tot verwondering en schrik van de engel die juist de Aankondiging des Heren celebreerde. Achter hen straften os en ezel deze vrijmoedigheid af met hun hoorns en hoeven. En vanuit zijn kribbe begon nu het kindeke Jezus te schreien: 'Ik wil ook een kus van mama!'

Nu maakte de engel, gewapend met een toverstaf, een eind

aan het spel. 'De betovering is verbroken! Ontwaak uit jullie droom!'

Zo eindigde hun merkwaardige opvoering.

De volgende dag durfde niemand meer terug te komen op de liefdesscène. Stilzwijgen met ieders instemming. Maar toen het ontbijt verzandde in ongemakkelijke gevoelens en de dag daardoor naargeestig dreigde te worden, besloot Enrique wat meer leven in de brouwerij te brengen.

'Alle posten opgelet! We gaan de boot zo schoon als wat maken! Vandaag is het een belangrijke dag en dat moeten we vieren!'

De rest van de ochtend werd besteed met het schrobben van het dek, het reinigen van de zeilen en het opwrijven van het metaal. Ook controleerden ze het hele schip, van onderruim tot aan het topje van de mast. Rond het middaguur kwamen Toni, César en Marta bijeen in de kombuis om het feestmaal voor te bereiden.

'Kerstmis is echt een test voor je maag. Waar komt die traditie van vraatzucht vandaan?' zei Toni terwijl hij worstelde met een diepgevroren kip.

'Vroeger was dit voor veel mensen de enige keer in het jaar dat ze vlees aten. Ze spaarden voor het feest,' zei César.

'Hoe dan ook, het zal ons goed doen,' zei Marta. 'Ik geloof dat we allemaal wat zijn afgevallen sinds we uit Las Palmas vertrokken.'

'Mijn broek is een maat te groot,' zei Toni. 'Je zou niet zeggen dat ik steeds wat ben gaan snoepen in de kombuis.'

'Wat een stiekemerd ben je toch!' zei César.

'Waarom, denk je, wilde ik wel voor kok spelen?'

Marta, die rustig wat truffels en noten in een vijzel stond fijn te stampen, zei: 'Van kinds af heb ik altijd geprobeerd met de kerst een goede daad te verrichten. Dat is traditie in de familie. Maar ik heb geen idee wat ik dit jaar zou kunnen doen.'

Toni en César keken elkaar zwijgend aan. Ten slotte zei Toni: 'Als je het goed vindt, wil ik me wel als vrijwilliger opgeven voor je goede daad.'

'Hé, geen gore grappen!' lachte César. 'Kerstmis is een dag van reinheid!'

'Nou, jij moet wel een heel slechte indruk van me hebben!' zei Toni.

'Die heb je ook wel verdiend!' lachte Marta.

'Nou ja, ik weet wat jullie denken, maar ik wilde niks onfatsoenlijks voorstellen. Ik zou alleen willen dat je me met iets hielp.'

'In dat geval', zei Marta, 'willig ik je verzoek om hulp in. Zeg eens, wat wil je precies?'

'Er zijn dingen die ik van mezelf niet begrijp.'

'Hmm. Interessant. Mag ik meedoen aan de discussie?' zei César, die wel een paar dingen op zijn hart had wat zijn vriend betrof. 'Zo'n kans krijg ik niet zo vaak!'

'Zeker,' zei Toni. 'Als het maar redelijk blijft. Ik ken je immers. Waarom zetten we niet wat meer koffie terwijl ik het vleesvulsel afmaak? Daarna kunnen we gaan zitten en erover praten.'

Toen de kip gefarceerd en opgebonden in de oven zat, namen ze alle drie aan de tafel plaats met dampende mokken koffie.

'Ga verder,' zei Marta. 'Hoe kan ik je helpen?'

'Eerst wil ik jullie zeggen dat ik de laatste dagen dankzij jullie een hoop heb geleerd. Jullie zijn de beste scheepsmaatjes die ik maar kon hebben.'

Marta strekte haar armen uit over de tafel. Het aangename gevoel van het in de loop der jaren glad uitgesleten hout zorgde mede voor een sfeer van vertrouwen. Ze legde haar hand op die van Toni.

'Ik wil weten hoe jullie van buitenaf tegen me aankijken, zodat ik erachter kan komen wat er vanbinnen verkeerd zit – waarom ik dingen altijd met tegenzin doe; waarom ik altijd loop te klagen; waarom ik niet van de dingen geniet.'

'Ik weet niet waar je het over hebt,' zei Marta. 'Het lijkt wel of je het over iemand anders hebt. Zo ben je niet. Integendeel, op de boot help je altijd iedereen en ben je vrolijk; je maakt de indruk dat je plezier hebt en je bent niet egoïstisch. Ik weet echt niet waar je het over hebt.'

'Natuurlijk, maar zo zien jullie me ook. Aan de buitenkant ben ik een prima vent, geen kwaaie kerel.'

'Je bent een geweldige kerel,' zei César. 'Een goede vriend, zorgzaam, niet egoïstisch, attent.'

'Dat is mijn goede kant,' zei Toni. 'Maar zo ben ik niet in elk opzicht. Op mijn werk bijvoorbeeld zit ik vol negatieve gedachten, ik loop constant te klagen. Dat begrijp ik van mezelf niet en daarom moeten jullie me helpen.'

'Mijn hemel!' lachte Marta. 'Besef je wel wat je van ons vraagt? Dat kost ons minstens een halfjaar therapie!'

'Ik zal het gemakkelijk maken voor jullie. Wat moet ik doen om te stoppen met kankeren en mezelf te motiveren?'

'Om te beginnen', zei Marta, 'moet je een positieve grondhouding willen hebben. Dat is de enige manier om de motivatie te krijgen die je wilt hebben.'

'Maar ik ben een andere persoon als ik aan het werk ben. En dat benauwt me. Sinds ik op de universiteit zit spring ik bij in de kledingzaak van mijn vader, tot ik een echte baan ga zoeken. En ik kom tot het besef dat mijn instelling niet negatiever kan zijn. Het zal me worst wezen. En nu ben ik bang dat ik daar ook last van zal hebben als ik de grote, wijde wereld in trek.'

'Het klopt wel wat hij zegt,' zei César terwijl hij Marta aankeek. 'Ik heb het een keer meegemaakt. En dat verraste me wel. Op een zaterdagavond had Toni een groep vrienden bij hem thuis uitgenodigd voor een feestje. We werden groots onthaald. Alles was piekfijn geregeld. Hij had overal kaarsen in de tuin gezet en kleurige lampionnen in het trappenhuis. Hij had de juiste muziek uitgezocht. Zijn moeder had overheerlijke croutons voor ons gemaakt. Alles was áf, tot in de details. Die dag heb ik hem bewonderd. Daar heb je een knaap, dacht ik, die weet hoe hij zich geliefd, hoe hij het iedereen naar de zin moet maken.'

'Tsjee, ik wil wel naar een van je feestjes,' zei Marta met een glimlach.

'Zodra we terug zijn in Barcelona,' zei Toni.

'Maar vervolgens kwam ik erachter dat Toni maar heel af en toe zo is,' zei César. 'De maandag daarna liep ik even bij hem binnen in de winkel om gedag te zeggen en te vertellen wat een geweldig feest het was geweest. Hij hing toen tegen de toonbank en bladerde wat door een tijdschrift; hij verveelde zich te pletter.

'Nou niet overdrijven,' zei Toni.

'Ik overdrijf niet. Je was jezelf niet. Terwijl we stonden te praten, zag ik dat twee klanten graag geholpen wilden worden en dat zei ik tegen je. Je zei: "Ik ga zo meteen naar ze toe," maar je negeerde hen totaal. Ik stond verbaasd. Ze deden hun best om te laten merken dat ze er waren. Een van hen vroeg of je hem wilde helpen. Je zei dat hij even moest wachten en je bleef met mij praten en in je tijdschrift bladeren! Je had niet eens aandacht voor mij!'

'Nou, misschien had ik mijn dag niet,' zei Toni een tikje uitdagend. 'Ik ben meestal wel attent met klanten. Want als ik dat niet doe, kan de zaak failliet gaan. Maar goed, daar wil ik het ook over hebben, dat baantje interesseert me geen bal. Ik sleep me voort. Ik hang tegen de muren. En ik smeer hem zodra ik kan. En het ergste is nog dat ik precies weet wat ik doe, maar ik kan er niets aan doen. Als ik 's morgens opsta en weet dat ik naar de winkel moet, heb ik het gevoel dat ik doodga.'

'Misschien vind je het baantje niet leuk en is dat het probleem,' zei Marta.

'Nee, dat is het niet. Ik heb niet speciaal een hekel aan het baantje.'

'Dan gaat het om je attitude. Je motiveert jezelf niet genoeg. Je gaat er niet met de juiste instelling heen. Als het jóúw keuze was om in de winkel van je vader te gaan werken, moet je het anders benaderen.'

'Misschien is dat de oorzaak: omdat het mijn keus niet was.'

'Hou jezelf niet voor de gek. De enige die keuzen in jouw leven maakt ben jezelf – altijd. Zeg nooit dat anderen die keuze voor jou hebben gemaakt. Het is jouw beslissing; je bepaalt je eigen leven of je laat anderen dat doen. De kunst is de juiste beslissingen te nemen. Maar als je eenmaal een besluit hebt genomen, moet je je best doen de positieve kanten ervan te zien. Jij bent de eerste die daar de vruchten van plukt. Doe het niet voor andere mensen, doe het voor jezelf.'

'Ik denk dat het ook komt door de sfeer in de winkel. Het is er zo claustrofoob; je zit de hele dag binnen, je ziet bijna geen zon. En de klanten zijn allemaal ouwe lullen.'

'Alles heeft twee kanten, een negatieve en een positieve,' zei Marta. 'Kinderen krijgen, aan een baan beginnen, gaan trouwen. Niets is voor de volle honderd procent positief. Maar de vraag is of je vindt dat de fles halfvol of halfleeg is. Werk levert ook wel wat op. Maar het vraagt ook offers.'

'En daarbij', zei César, 'ben ik erachter gekomen dat alles wat de moeite waard is inspanningen vereist. Dit is mijn nieuwe natuurwet: "De waarde van de dingen is recht evenredig met de inspanning die je moet verrichten om ze te verkrijgen".'

'Heel leuk,' zei Toni met een grijns.

'Op die manier heb je de voldoening dat je weet dat wat je bereikt hebt, ook van jou is. Het is jouw succes. Hoe gemakkelijker je het bereikt, hoe minder waarde je eraan toekent,' zei Marta.

'Dat is allemaal geklets. Het klinkt wel leuk en aardig, maar uiteindelijk willen we dingen te pakken krijgen zonder ervoor te werken.'

'Daarin vergis je je toch!' zei Marta. 'Zelfmotivatie betekent niet dat je jezelf voor de gek moet houden. Het betekent dat je het goede en het kwade tegen elkaar afweegt en dat je de positieve kant van het geheel ontdekt. Vervolgens concentreer je je daarop. Of wil je liever de hele dag lopen klagen omdat je alleen maar de slechte kanten van alles ziet?'

'Die strategie werkt misschien een dag of twee, maar op de derde dag word je er niet meer door gemotiveerd,' zei Toni, niet van zins het advies van zijn vrienden op te volgen.

'Kijk. Ik heb met mijn eenendertig jaar heel wat gereisd. Ik heb een hoop beleefd, goede en minder goede dingen, maar ik heb altijd geprobeerd er het beste van te maken. Om de eindjes aan elkaar te knopen heb ik een schoonmaakbaantje aangenomen in een kantoor in Granada. De eerste paar dagen waren echt waardeloos. Maar om mezelf te motiveren heb ik tegen mezelf gezegd: "Jij hebt het besluit genomen om dat baantje aan te nemen, je kunt er dus maar beter het beste van maken." Ik besloot vervolgens niet meer te denken aan de tijd die het me zou kosten om het hele kantoor schoon te maken. Ik trok steeds een paar minuten uit voor één onderdeel en concentreerde me erop om het zo goed mogelijk te reinigen. Daarna concentreerde ik me op het volgende stuk en voordat ik het wist, was ik klaar. Wanneer ik het er die nacht op had zitten, dacht ik eraan dat een hoop mensen de volgende ochtend, dankzij mijn inspanningen, gelukkiger zouden zijn nu ze in een schoon kantoor konden werken. Mijn instelling ten aanzien van het baantje was dus veranderd. Ik vond het echt leuk. Het gaf me voldoening.'

'Jij bent nogal een doorzetter,' zei Toni. 'Ik zou er depressief van zijn geworden.'

'Soms moet je', zei Marta, 'afzien van een directe "beloning" en je andere doelen stellen, op de middellange en lange termijn. Wel kun je je onderweg dagelijks kleinere doelen stellen, doelen die je kunt bereiken, om zo gemotiveerd te blijven.'

'Dat noem ik: de dingen langzaam maar zeker doen,' zei César. 'Of: het kantoor bureau voor bureau schoonmaken.'

'Stel dat je tien kilo wilt afvallen. Als je dat in één keer probeert te doen, raak je gefrustreerd. Maar als je jezelf als doel stelt

dat je dagelijks tweehonderd gram wilt kwijtraken, blijf je gemotiveerd. En als je dan je doel hebt bereikt, moet je dat vieren.'
'Door vooral niet te eten!' lachte Toni.
'Geef jezelf kleine cadeautjes; jezelf belonen werkt prima.'
'Dit gesprek wordt interessant,' zei César. 'Ik kan mezelf hier goed in vinden. Er moeten meer positieve dan negatieve kanten zitten aan wat je doet. En als dat niet zo is, moet je er toch meer positieve dingen uithalen.'
'Soms zijn er wel positieve kanten, maar zie je ze niet,' zei Toni.
'Dan lijkt het of die niet bestaan,' zei Marta. 'Wanneer je zoals jij gefrustreerd bent, moet je jezelf afvragen waardoor je in elke situatie die zich voordoet wordt gemotiveerd. Misschien wil je wel in het centrum van de belangstelling staan. Misschien wil je een plan dat past bij je leven. Misschien wil je in je werk bepaalde dingen leren, om jezelf voor te bereiden op de toekomst – of wil je deel uitmaken van een project, van een team. Maar als je niet kunt aangeven wat je wilt, dan moet je duidelijk eens goed nadenken.'
Toni keek Marta en César peinzend aan. Hij was niet geheel en al overtuigd door hun argumenten. Marta deed nog een poging.
'Leg de voors en tegens op een weegschaal.'
'Wat als de tegens de doorslag geven?'
'Dan zijn er twee mogelijkheden. Mogelijkheid één: je bent niet in staat de voors te onderscheiden en misschien moet je iemand te hulp roepen om ze te vinden. Op die manier val je niet in die oude valkuil dat je geen water vindt wanneer de bron is opgedroogd.'
'En mogelijheid twee?'
'Nummer twee: de inspanning die je in je werk levert, is groter dan de voldoening die je eruit haalt. Als dat het geval is, vind je je motivatie nooit. Zoek ander werk. Maar kijk uit: als dat je in elke baan overkomt, moet je het probleem bij jezelf zoeken.'

'Maar wat gebeurt er als de voors en tegens elkaar in even-wicht houden?'

'Dan moet je preciezer kijken. Het zijn de kleine dingen die ervoor zorgen dat de weegschaal naar de ene of de andere kant doorslaat. De grote dingen zijn duidelijk genoeg. Maar het zijn de kleine dingen die zorgen voor het verschil tussen leed en vol-doening.'

De geur van de gebraden gevulde kip verspreidde zich in de boot. En waarschijnlijk werd hij ook buiten opgemerkt, want op dat moment kwam Paco snuivend de trap af, hij volgde zijn neus naar de oven. Hij opende het deurtje, wierp een blik naar bin-nen, sloot zijn ogen en ademde diep in door de neus.

'Zo goed als klaar!' riep hij uit. 'Hoog tijd om de tafel te dek-ken! Tussen twee haakjes, wat zitten jullie hier te bekonkelen met al jullie gepraat?'

De drie jongeren keken elkaar aan en glimlachten.

'We hebben de motivatie gevonden om van het beste kerst-maal van ons leven te genieten,' zei Toni. En met een knipoog in de richting van zijn maten zei hij: 'Bedankt, jongens.'

Op dat moment verscheen Enrique boven aan de trap en riep: 'Kom kijken, dolfijnen! Het zijn enorm grote!'

César, Marta en Toni krabbelden naar buiten, terwijl Paco beneden bleef om op de kip te letten.

'Maar blijf met je vingers van die vogel af!' riep Toni naar be-neden.

Aan dek, met een heerlijk kabbelende zee en een mooie, zoe-le bries, was de bemanning getuige van een uniek schouwspel. Drie fraaie, volwassen dolfijnen vergezelden hen; ze zwommen naast het zeiljacht en maakten opmerkelijke draaisprongen, ter-wijl ze hen blij maakten met hun lachende gepraat. Je zou haast denken dat ze hun een kerstgroet probeerden over te brengen. Soms doken ze bijna synchroon vlak voor de boeg onder water en schoten links en rechts tevoorschijn terwijl de *Mojito* verder voer. Zeiljacht en dolfijnen maakten er een sprookjesachtig tafereel van. Een paar minuten later namen de dolfijnen, met hun visachtige lichaam en hun bijna menselijke gevoel, afscheid met een laatste acrobatische toer en schoten weg met achterlating van niet meer dan de echo van hun vrolijke kreten. Op dat ogenblik realiseerde men zich aan boord van de *Mojito* dat mens en natuur onderdeel waren van een grootse, harmonieuze en prachtige Creatie. Precies op dat moment stak Paco, die zijn lippen aflikte, zijn hoofd naar buiten en riep:

'Of jullie komen nu naar beneden of ik eet op wat er nog van die kip over is!'

DAG 9

19° 26' 00" noorderbreedte

33° 58' 33" westerlengte

In troebel water

Toen het op 26 december licht werd, bleek het spinnakerval gevaarlijk doorgesleten op de plek waar hij door het blok liep. Javier had het probleem al gesignaleerd tijdens de eerste ochtendwacht en zodra Enrique met zijn hoofd boven dek verscheen, wees hij hem erop. Na het ontbijt gingen ze aan de slag. Het zeil werd neergelaten en als de wind niet plotsklaps veranderde, zouden ze hem waarschijnlijk niet weer hoeven hijsen. Het was een uitgelezen moment om de harpsluiting te verwijderen. Enrique stond op het achterdek, opende de valklem en liet het val vieren. Ondertussen verwijderde Javier op de voorplecht de moerbout en sneed het versleten stuk lijn eraf. Dit was gewoon een routinehandeling, dacht Enrique, die hij vermoedelijk eerder had moeten verrichten. Net als het controleren van de generator. Dat moest hij vandaag zeker ook doen. Terwijl hij zo in gedachten verzonken was en het val vasthield, zag hij Javier bij een relingsteun staan; die was blijkbaar iets aan de buitenkant van de boot aan het doen. Enrique nam aan dat hij klaar was met zijn werkje en haalde het val naar zich toe, maar tot zijn verrassing schoot dat door het blok aan de top van de mast en viel omlaag.

'Had je de sluiting er nog niet op?' schreeuwde hij, zichtbaar kwaad.

'Nee! Waarom trok je aan het val?' zei Javier.

'Omdat ik zag dat je iets anders aan het doen was; ik dacht

dat je klaar was. Wat was je dan in vredesnaam aan het uitvoeren?'

'Hé, nou niet boos op mij worden!' zei Javier bits. 'Het is jouw schuld, want je ging er zonder te vragen maar van uit dat ik klaar was.'

Enrique deed er het zwijgen toe en dacht dat jongeren de aandachtsboog van een steekmug hadden, ze konden zich geen moment concentreren op wat ze aan het doen waren. Gelaten klom hij de mast in om het uiteinde van het spinnakerval te pakken. Javier schroefde de sluiting weer dicht. Alles was binnen een uur opgelost en de rust was weergekeerd. Maar Enrique vond nog steeds dat het nodig was de generator te controleren voordat ze weer een andere haastklus hadden. De ervaring aan boord had hem geleerd dat je nooit te veel voorzorgsmaatregelen kon nemen. Beneden in de kajuit zei hij dan ook tegen Paco: 'Ik pas de volgende wacht aan om een paar dingen te regelen die me dwarszitten.'

'We zouden het om elf uur overnemen.'

'Ja, maar ik doe het later. Met wie had je afgelopen nacht de wacht?'

'Met Toni.'

'Oké. Dan gaan jullie weer samen en vervang ik Toni later.'

'Om drie uur, bedoel je.'

'Precies. Dan heb ik de tijd voor de dingen die ik wil doen.'

Enrique pakte de gereedschapskist, tilde die door het luikgat in de stuurhut en klauterde erachteraan. Nu hij toch bezig was, kon hij ook wel de waterpomp en de startmotor nakijken, dacht hij. Hij had de hele morgen om te sleutelen aan moeren, bouten en waterslangen. Hij ontdekte dat de behuizing van de generator smerig was en dat de motor wat olie lekte. Hij begon dus maar met het wegpoetsen van alle olie en aanslag. Pas tegen elven bedacht hij dat hij Toni nog niet verteld had van de verandering in de wacht. Hij ging naar beneden, de kajuit in, en trof hem in de kombuis.

'Je weet toch dat je om elf uur mijn wacht moet overnemen?'
'Nee. Hoezo?'
'Ik loop een paar dingen na. Daar ben ik de hele morgen mee zoct. Daarom veranderde ik je wacht. Ik neem die van jou om drie uur.'
'Maar ik ben nu met de lunch bezig. Ik kan nu niet.'
'Ik denk niet dat dat een probleem is. Je maakt de lunch toch altijd klaar als je 's ochtends opstaat?'
'Ja, dat doe ik normaal ook, voor het geval ik later nog wat anders moet doen. Maar vandaag heb ik nog niets klaargemaakt.'
'Nou, het is nodig dat jij deze wacht overneemt. Marta en Javier slapen. De radio kraakt alleen maar en daar heeft César zijn handen aan vol. En ik heb de generator voor de helft uit elkaar gehaald.'
'Maar het gaat niet, Enrique!' zie Toni geërgerd. 'Je had het me eerder moeten vragen, vóór je die beslissing nam!'
Enrique vond dat Toni overreageerde en dat het slechts een kwestie van organiseren was.
'Oké, laten we eens kijken. Wat vind je hiervan: laat het kokkerellen maar even rusten. Wacht maar tot het avondeten; we vinden zelf wel wat voor de lunch – sandwiches of iets dergelijks. We kunnen wel een dag zonder een lunch met van alles en nog wat.'
'Ik vind het niet in de haak, maar als er niets aan te doen is... Maar vraag het me een volgende keer op tijd. Ga niet zomaar van iets uit terwijl je echt geen idee hebt.'
'Hé, je hoeft niet zo nijdig te worden,' zei Enrique.
Aan dek zag Enrique dat Toni zich aan hem gestoord had; hij zei de hele ochtend niets meer. Hij zag ook dat Toni zijn gevoelens deelde met Paco. Tussen de middag werd de zaak opgelost met een paar sandwiches en aardappelen in roomsaus die Enrique zelf had klaargemaakt. Om twee uur, toen al het materiaal was gecontroleerd en in orde bevonden, betrok Enrique de wacht naast César. Gelukkig bleek het in de middag rustiger te

zijn dan in de ochtend. Met windkracht vier hadden ze er aardig de gang in; de boot ging rustig omhoog en omlaag op de lage golven. Het ssb-weerbericht dat César ten slotte had weten te vinden, voorspelde dat het weer op zijn minst tot de avond zo zou blijven. Algauw zouden ze de passaatwinden vinden en dan zouden ze eindelijk linea recta naar hun bestemming zeilen: 38° westerlengte: Havana. In de stuurhut was men goed geluimd; Enrique en César babbelden er vrolijk op los, over hoe het zou zijn om de wind constant in de rug te hebben. Vóór de stuurhut lag Javier op dek een boek te lezen: een zeilavontuur, zo te zien. Toen Enrique hem daar zag liggen, kreeg hij een idee om het misverstand van die ochtend goed te maken.

'Wat vind je van een rondje "man overboord"?' vroeg hij aan César. 'Weet je nog hoe dat gaat?'

'Natuurlijk wel. Hoe zou ik dat kunnen vergeten? Dat hebben we de hele week gedaan tijdens de oversteek naar Ibiza.'

Dat was zo. Op die trip was César, toen nog een jongen, overboord gevallen en hadden ze hem moeten redden met behulp van de spinnakerboom. Hij was nog altijd trots op het kranige gedrag van zijn zoon. Met de zware zeegang, met golven van anderhalve meter, konden ze niet te dichtbij manoeuvreren want dan kon de boot hem een fatale klap toedienen. Al improviserend hadden ze een reddingboei aan het uiteinde van de boom vastgemaakt, deze loodrecht op de boot uitgestoken en als een kraan gebruikt om hem op te takelen. César had die truc zo leuk gevonden dat hij hem elke middag weer wilde doen, als spelletje.

'Laten we weer eens lol hebben. Pak de spinnakerboom. We zullen Javier eens verrassen. Ik durf te wedden dat hij niet weet hoe dit in zijn werk gaat,' zei Enrique terwijl hij naar beneden glipte om een veiligheidsharnas te pakken.

Toen hij weer aan dek verscheen, trof hij César in zwembroek aan, klaar om in zee te springen – als de jongen die Enrique zich herinnerde. Toen hij het harnas aan het uiteinde van de boom vastmaakte, riep hij:

'Hé, Javier! Kom eens hier. Ik heb een klusje voor je!'
Javier legde met een zucht zijn boek opzij. Hij koesterde zich
net in de warme zon. Hij richtte zich op om te zien wat er aan de
hand was. Enrique riep hem opnieuw. Moeizaam stond hij op
en liep naar stuurboord, waar César bezig was het veiligheidsharnas aan de boom te bevestigen. Javier had geen idee wat ze
aan het doen waren. Zijn hoofd was nog slaperig en duf van de
zon en het enige wat hij wilde was weer gaan liggen om te slapen. Maar Enrique gaf hem een lijn in de hand.

'Langzaam laten vieren, voorzichtig,' zei hij, terwijl César
een hand toestak over de reling.

Javier deed wat hem gezegd was, in dubio of het voor de lol
was of dat ze iemand moesten redden. Maar zodra hij César aan
het uiteinde van de spinnakerboom zag hangen, begreep hij dat
ze een of ander spel speelden, dat niemand hem had uitgelegd.

'Leuk hè?' zei Enrique en gaf hem een vriendschappelijke
por met zijn elleboog.

'Heel leuk,' zei Javier ironisch. 'Maar het punt is dat ik wel
erg lekker in de zon lag met mijn boek.'

Enrique keek verrast op. Hij kon niet begrijpen dat wat hij
ook deed een negatieve reactie van de kant van Javier uitlokte.

'Ik dacht dat je een beetje vermaak wel aardig zou vinden,'
zei hij bedrukt.

'Dat doe ik ook wel, maar alles op z'n tijd. Ik ben niet altijd in
de stemming. Je had het me eerder moeten vragen, voordat je
me die lijn aangaf en me betrok bij een spel waar ik geen zin in
had.'

'Rustig maar. Ik hou die lijn wel vast. We kunnen dit met ons
tweeën spelen,' zei Enrique, zichtbaar geïrriteerd.

'Goed, dan ga ik weer naar mijn boek,' antwoordde Javier
zonder verder na te denken.

Javier pakte zijn boek en ging benedendeks. César, die in het
water lag, wilde gered worden en Enrique begon hem op te take-

len met het val, terwijl hij de spi-boom binnenhaalde met de neerhaler. Terug aan boord, zei César:

'Waar is Javi?'

'Naar beneden. Hij was niet in voor een spelletje.'

'O! Ga jij nu het water in?' zei César, niet van zijn stuk gebracht.

'Nee. Ik heb er geen zin meer in. Kom, laten we alles aan de kant zetten.'

César keek nu verbaasd.

'Hoezo? Wat heb je? Jij was degene die het spel wilde spelen.'

Enrique keek hem bedroefd aan.

'Luister, César, ik bega al de hele dag stommiteiten met je vrienden. Vanochtend was Javier boos op me omdat ik niet had gevraagd of hij de sluiting aan het spinnakerval had bevestigd voordat ik begon te trekken.'

'Ja, hij zei iets in die richting. Hij was kwaad omdat hij dacht dat je hem de schuld wilde geven.'

'Ik zag dat hij wat anders aan het doen was, daarom dacht ik dat hij al klaar was.'

'Maar gevráágd heb je het hem niet.'

'Dat is zo,' gaf Enrique toe. 'Het was mijn fout. Ik dacht dat hij de sluiting al dicht had. Vervolgens werd Toni ook nijdig omdat ik het wachtschema had aangepast zonder hem te vragen. Ik dacht dat hij het niet erg zou vinden. Maar hij heeft de hele dag geen woord meer tegen me gezegd.'

'Dat komt wel weer goed. Maar het was ook jouw fout, dat je het hem niet had verteld.'

'Ik nam aan dat hij er geen punt van zou maken. Omdat hij de lunch altijd meteen 's ochtends klaarmaakt.'

'Misschien deed je er verkeerd aan dat allemaal maar aan te nemen.'

'Zeker. Dat was fout van me. Het is een manier van doen die alleen maar leidt tot boosheid, slechte resultaten, vergissingen. En nu ik het probeerde goed te maken, heb ik Javier alleen maar bozer gemaakt, want ik heb hem niet gevraagd of hij wel wilde meedoen met ons spel. Ik gaf hem die lijn zonder te vragen in handen; ik dwong hem bijna iets te doen wat hij niet wilde. Wat een puinhoop!'

'Ze overleven het wel,' zei César. 'Ik ken hen goed. Maar je zult tactvoller moeten zijn. Beslis de volgende keer niet voor hen, vraag het hun eerst. Neem niks aan. Vraag alleen maar.'

'Je hebt gelijk,' zei Enrique. 'Maar het leek me allemaal zo duidelijk dat ik niet de indruk had dat ik het eerst moest vragen.'

'Duidelijk voor wie? Ik heb het idee dat het voor hen niet zo duidelijk was.'

'Misschien ben ik te onnadenkend te werk gegaan,' zei Enrique, terwijl hij zijn zoon op zijn schouder klopte. 'Ik ga beiden mijn excuses aanbieden.'

Hij trof Javier, Toni en Marta aan de tafel in de kajuit. Ze zaten de kaart te bestuderen.

'Ik wil jullie niet storen, jongens,' zei Enrique. 'Ik wil me alleen verontschuldigen voor wat er vandaag is gebeurd. Ik heb jullie niets gevraagd voordat ik besluiten nam die jullie aangingen. Ik denk dat ik geestelijk wat lui was. Ik beschouwde dingen als te vanzelfsprekend en ik dacht er niet aan hoe jullie je zouden voelen. Het was verkeerd van mijn kant en ik kan best begrijpen dat jullie boos op me zijn.'

'Maak je geen zorgen,' zei Toni. 'Ik denk er al niet meer aan.'

'Vaak vergeten we iets te vragen terwijl dat wel moet,' zei Javier. 'Soms omdat we bang zijn een idiote indruk te maken bij onze medestudenten op de universiteit. Of simpelweg omdat we bang zijn in het openbaar iets te zeggen. Of omdat we niet willen uitkomen voor onze onwetendheid. Er zijn tal van redenen.'

'Maar het is uiteraard wel zo dat als je geen vragen stelt, je het gevaar loopt dat je andere mensen irriteert,' zei Marta.

Het deed Enrique deugd dat deze jongeren het begrepen.

'Nu dit gezegd is, ga ik maar weer naar mijn wacht en kunnen jullie verder met waarmee jullie bezig waren.'

Terwijl hij het trapje opliep, draaide hij zich om, glimlachte en zei: 'Bedankt.'

DAG 10

19° 00′ 00″ noorderbreedte

38° 50′ 00″ westerlengte

Man overboord!

Later die dag gaf de GPS aan dat ze 19° noorderbreedte hadden bereikt. Na iets meer dan een uur scheerde de *Mojito*, eindelijk dan voortgestuwd door de passaatwinden, met een lekker vaartje over de golven. Zoals Rafael del Castillo de vorige avond had gezegd op de Rueda de los Navegantes, troffen ze hun tropische wind één graad noordelijker aan dan ze hadden verwacht. Tot dan toe hadden ze 1300 zeemijlen afgelegd en als ze er nog eens bijna 400 zouden varen, zouden ze westwaarts gaan en de rest van de oversteek een vaste koers volgen; een mijlpaal die Paco duidelijk tevreden in het scheepslogboek noteerde. Het nieuws krikte het moreel van de bemanning op: men voelde dat de haven van Havana dichterbij kwam. 's Avonds om tien uur haalden ze zonder moeite een snelheid van zeven knopen. Daarbij hadden ze profijt van een veel rustiger zee dan ze op deze breedten hadden mogen verwachten.

De nachtelijk hemel, met sterren bezaaid, straalde majestueus. Toch waren ze zelf in volslagen duisternis gehuld en was het zicht praktisch nihil. Ze ademden de rust van die doorwaakte nachten waarin men de tijd heeft zich bezig te houden met aangename gedachten en herinneringen. Aan dek hadden Paco en Marta de wacht en ze keken stilzwijgend in de duisternis die hen omringde. Javier, die in de lichtkring van de mast zat, oliede geduldig blokken. Marta had een tijdje naar hem staan kijken. Hij haalde zijn vettige lap door elke groef van elk blok.

'Waarom smeer je die in?' vroeg ze na een poosje.

'Zodat ze niet door corrosie worden aangetast. Ik hoorde vanmiddag een raar geluid en ik dacht dat ik ze maar beter een drupje olie kon geven voordat ze vastlopen. Ik heb trouwens toch niets anders te doen.'

'Ik vind het een mooi initiatief van je,' glimlachte Marta. 'Wat we nu goed verzorgen zal ons later problemen besparen.'

Paco, die op het stuurwiel leunde, knikte. Ze hadden gelijk! Hoe vaak zou hij in zijn leven niet problemen hebben voorkomen door ze simpelweg vóór te zijn! In deze gedachten verzonken, moest hij ineens 'nodig' en liep naar de achterkant. Zonder verder na te denken maakte hij daar de reling los en ging tussen de twee steunen staan. In de stikdonkere nacht kon hij haast zijn eigen neus niet zien, maar zijn voeten voelden de vertrouwde steun en stevigheid van het dek. Aan gevaar dacht hij geen moment. Maar de kalme zee zorgde toch voor een onzichtbare golf. De boot danste op en neer en hij verloor zijn evenwicht; hij stapte achteruit op opgerolde schootlijnen, gleed weg en viel in zee. Marta en Javier, die met hun eigen gedachten bezig waren, hoorden een lichte plons waaraan ze geen speciale aandacht schonken; waarschijnlijk een grote vis die vlakbij omhoog was gesprongen. Gelukkig ving Marta's scherpe gehoor iets op wat op een hulpkreet in de verte leek.

'Wat was dat?' fluisterde ze. En vervolgens, om zich heen kijkend: 'Hé, waar is Paco?'

Ze sprongen overeind en keken rond. Paco was verdwenen. Javier schreeuwde zo hard hij kon:

'Man overboord! Paco is overboord gevallen!'

Binnen een paar tellen liep de hele bemanning door elkaar heen op dek. Op dat moment kwam Enrique in onderbroek van beneden en riep: 'Laat het grootzeil zakken! En de fok!' Javier had het grootzeilval al losgemaakt en Marta liet al even vlug de schoot van de fok vieren. Deze handelingen waren in minder dan geen tijd uitgevoerd.

'Hoe lang is het geleden dat hij in het water viel?' vroeg César hijgend.

'Sinds we hem hoorden roepen exact anderhalve minuut,' zei Javier met trillende stem.

'Dan moet hij nu al een eind weg zijn,' zei Marta bezorgd. 'We voeren nogal hard, zeven knopen.'

'Start de motor!' beval Enrique. 'We gaan keren!'

'Ik pak de sleutels,' zei Toni terwijl hij naar beneden ging.

'Ze liggen in de bovenste la van de kaartentafel, in het doosje!' riep César hem na.

'Heeft iemand onze koers bijgehouden?' zei Enrique.

'Ja,' antwoordde Marta. 'Ik heb het meteen genoteerd. 2-76.'

'Dan moeten we...,' zei Enrique rekenend.

'96,' zei Marta zonder te aarzelen.

'Uit de kunst. Als de getallen kloppen, vinden we hem in een paar minuten,' zei Enrique. 'Maar we kennen niet de precieze coördinaten van het punt waar hij overboord ging.'

'19° 13' noorderbreedte en 38° 87' westerlengte,' zei César er meteen overheen.

Enrique keek hem verbaasd aan.

'Toen Javier alarm sloeg, heb ik op de MOB-knop van de GPS gedrukt. Die gaf de coördinaten precies aan.

'Dan hoeven we ons niet druk te maken. We vinden hem wel,' verzekerde Enrique hun. Toen hij de bezorgheid in de ogen van de jongeren zag, voegde hij er met rotsvast zelfvertrouwen aan toe: 'Dat beloof ik.'

César startte de motor zonder problemen en Enrique keerde de boot. Zodra ze op koers lagen, klom Toni de mast in tot aan de eerste zaling. In één tel zat hij daar. In zijn ene hand had hij een zaklantaarn waarmee hij zwaaide en in de andere een vreemd soort megafoon, die César en Javier van beneden identificeerden als een plastic fles waar de bodem uit was gesneden. Zijn sterke longen en een gunstige windrichting droegen Toni's boodschap – 'Paco, we komen eraan!' – een heel eind. In zijn vertwijfeling richtte Toni de zaklantaarn af en toe op zichzelf, zodat Paco, waar die zich ook mocht bevinden, hem zou kunnen zien. Aan het stuurwiel hield Enrique de boot precies op koers, terug naar de plek van het ongeval. 96 graden, zeven knopen: acht minuten later arriveerden ze op het punt dat door de GPS werd aangegeven. Javier, César en Marta stonden, met zaklantaarns uitgerust, op de boeg, aan bak- en stuurboord, speurend naar een teken van Paco. Enrique zette de motor af; allen luisterden in volledige stilte. Het minste gerucht of geluid had Paco's aanwezigheid kenbaar gemaakt. Maar tot hun leedwezen was er niets te horen. Na een paar minuten die eeuwen leken en waarin ze steeds wanhopiger werden, kwamen de bemanningsleden bijeen in de stuurhut.

César verwoordde wat ieder van hen vreesde: 'Misschien hebben we het verkeerd berekend en zijn we niet precies zo teruggevaren.'

'We moeten hem vinden, verdomme!' riep Javier boos uit. 'Ik heb op de klok gekeken toen we hem hoorden. Ik heb de snelheid bijgehouden. We kunnen niet verkeerd zitten.'

'Er is al veel tijd overheen gegaan. We kunnen ernaast zitten. Een klein foutje kan in dit soort zaken fataal zijn,' zei Marta met tranen in haar ogen.

'Rustig, jongens. We vinden hem wel,' zei Enrique.

'Paco is vast uitgeput en doodsbang,' mompelde Javier.

'Nee,' zei Enrique. 'Ik ken hem al van toen we tieners waren en ik weet dat hij zijn hoofd niet verliest. Hij is sterk, een ervaren zeiler en alpinist. Hij houdt wel vol. Maak je daarover geen zorgen.'

Op dat moment schreeuwde Toni, vanaf de zaling opgewonden:

'Daar! Een licht! Daar is-ie!'

Terwijl ze heen en weer bleven zwaaien om de aandacht op zich te vestigen, konden ze duidelijk een gelig schijnsel zien dat alleen maar afkomstig kon zijn van Paco's lichtstick.

'Snel! Draai de boot,' brulde Enrique.

Het lichtschijnsel kwam nu van een paar meter weg. Ze naderden vlug, zonder problemen. Met hun sterke zaklantaarns wezen César en Javier de precieze plaats aan waar het lichtje vandaan kwam en toen vonden ze Paco, die rustig met zijn gezicht omhoog op het water dreef en de gele lichtstick in zijn rechterhand hield. Hij leek niet erg in te zitten over zijn benarde lot. Het was precies zoals Enrique had gezegd: hij had in zijn leven als sporter al heel wat gevaren onder ogen gezien en dat had hem nu geholpen het hoofd koel te houden. Ook zijn gevoel voor humor hielp hem daarbij. Zodra César de motor had afgezet, zwom hij rustig naar de achterkant van de Mojito en toen hij het trapje beklom dat ze voor hem hadden uitgehangen, voer hij lachend tegen hen uit: 'Ik begon net te denken dat jullie me daar de hele nacht zouden laten liggen!'

Zodra hij op het dek stond, renden Marta en Toni op hem af. Maar toen hij zich uit haar omarming losmaakte, werd hij door Toni weer in het water geduwd.

'Na alles wat we hebben doorgemaakt bij de reddingsoperatie, is dat het enige bedankje dat we krijgen?' lachte Toni.

'Was jij dat trouwens daar in de mast, met die armen die heen en weer gingen als een windmolen en met die stem van de andere wereld: Paa-co? Je deed me denken aan Dracula. Ik begon me al af te vragen of de boot die me kwam redden wel de Mojito was of een of ander spookschip.'

Ze moesten allemaal lachen.

'Heel leuk! Ik dacht dat je me daar in die mast beter zou kunnen zien en horen. Ik deed het om jouw bestwil,' zei Toni.

'Goed gedaan, man. Dankzij jou kon ik het moreel daar in het water hooghouden.'

'Onzin! Wij waren meer bezorgd dan jij,' zei Javier.

Paco trok zijn natte T-shirt uit en ging op een bank zitten.

'Nee, zonder gekheid. In het begin was ik echt bang. Ik was bang dat jullie niet hadden gehoord dat ik overboord was gegaan en dat het tegen de tijd dat jullie het zouden opmerken te laat zou zijn. Maar toen ik zag dat de boot al na een paar minuten keerde, wist ik dat ik op jullie kon vertrouwen. In het begin was ik nog in de war en wist ik niet wat ik kon doen, maar toen herinnerde ik me dat ik die lichtstick in mijn broekzak had. Met dank aan Enrique en zijn gedram wat dat betreft. Zonder dat ding hadden jullie de hele oceaan moeten afzoeken naar me.'

'Ja, maar je had je strobolamp niet om je pols en ook je fluitje niet bij je. Je weet toch dat die 's nachts verplicht zijn,' zei Enrique.

'Geen mens is volmaakt,' lachte Paco. 'Tussen twee haakjes, het is verdomd lastig het foedraal van die lichtstick te krijgen. Ik moest het met mijn tanden doen. Gelukkig dat het ding blijft drijven. Ik zeg dit zodat je het weet voor het geval je overboord gaat.'

'We willen het niet weten! Eén man overboord is al meer dan genoeg op deze reis!' zei Enrique.

'Goed dan, maar bedenk het volgende: wanneer je 's nachts moet plassen, kijk dan uit als je aan dek staat en er golven komen: je kunt flink nat worden.'

'O, was je dat aan het doen!' lachte César.

'Nou, van dat soort dingen heb ik geen last,' zei Marta. 'Het voordeel van het vrouw-zijn.'

Op dat moment kwam Toni uit de kombuis met een kop hete thee en een handdoek om de held van de nacht warm te krijgen. Ze bleven allemaal in de stuurhut, blij als ze waren dat hun vriend weer veilig en wel aan boord was. Na een poosje verbrak Enrique de stilte.

'Ik wil alleen maar zeggen dat jullie de beste bemanning vormen die je je maar kunt wensen. Jullie hebben prima werk gedaan. Ik ben ontzettend trots op jullie.'

'Maak het niet groter dan het is,' zei Marta. 'We moesten Paco toch redden. Wat konden we anders doen?'

'Onderschat jezelf niet. Ieder van jullie nam de initiatieven en bedacht de creatieve oplossingen die ons tot een winnend team maken. Niet alleen toen Paco in het water viel, maar daarvoor ook al. Je had niemand nodig die je erop moest wijzen dat je klaar moest staan en het probleem zien aankomen. Dat is initiatief.'

'Wat bedoel je?' vroeg Paco hem.

'Dat we varen met een bemanning die bestaat uit proactieve mensen. Dát bedoel ik.'

'Wat voor mensen?' zei Toni.

'Mensen die al handelend optreden voordat er iets gebeurt, mensen met initiatief. Proactief is het tegenovergestelde van reactief. Een proactief iemand is problemen vóór. De ander reageert pas als ze zich voordoen. Onze bemanning heeft een hoop dingen voorzien, waardoor we je zo snel konden redden.'

'Tsjonge, nu kom ik erachter dat ik zonder het te weten proactief ben!' lachte César. 'Weet je dat de fok altijd lastig te bedienen is? Maar vandaag trok Marta zonder moeite de lijn in en rolde het zeil op.'

'Geen centje pijn. Dat klopt. Maar dat komt omdat je vanochtend de talie hebt bijgevijld,' zei Marta.

'Die liep aan,' zei César. 'En weet je nog dat we nooit de sleutels konden vinden als we de motor wilden aanzetten?'

'Maar vandaag kon ik ze meteen vinden – omdat jij ze in een doos van de kaartentafel hebt gedaan,' zei Toni.

'En jij, Toni, bent behalve proactief ook creatief,' zei Enrique. 'Een proactief iemand toont initiatief, hij staat altijd klaar om als eerste in actie te komen. Maar een creatieve persoon komt altijd met nieuwe ideeën. Hoe kwam je op het idee van die megafoon? En hoe wist je die zo verdraaid snel te maken?!'

'Nou, ik denk dat ik gewoon handig ben,' lachte Toni. 'Ik dacht dat Paco kalm zou blijven als hij wist dat we in de buurt waren.'

'Nou, bravo voor je initiatief. En jullie ook bedankt voor jullie snelle reacties, Javier, César en Marta. Anders zou het erg moeilijk zijn geworden Paco te vinden. Ik vind het geweldig dat jullie het initiatief namen om meteen de tijd, de snelheid, de koers en de coördinaten te noteren. En dat jullie zo snel de fok inhaalden en het grootzeil lieten zakken, zonder dat iemand je dat moest zeggen.'

'Een paar uur geleden heb ik de vallen nog nagekeken om te zien of ze niet in de war zouden raken,' verklaarde Marta. 'Daarom konden we de zeilen zo vlug laten zakken.'

'Jullie zijn allemaal van nature proactief. Jullie wachten niet af tot iemand tegen je zegt wat je moet doen,' zei Enrique. 'Denk je eens in hoeveel projecten beter zouden lopen als je steeds te maken had met creatieve mensen die initiatief tonen! Hoeveel mensen ken je die over zulke kwaliteiten beschikken?'

'Dan moeten meer mensen zorgen dat ze die kwaliteiten krijgen. Maar hoe doe je dat?' zei Javier.

'In de eerste plaats moet je je bewust worden dat ze überhaupt bestaan,' zei Marta.

'Ik weet zeker dat ik dit mijn leven lang niet meer vergeet,' zei César. 'Hoe zou je zo'n avontuur als dit kunnen vergeten?'

'Nou, dan was het nog ergens goed voor dat ik overboord ging,' lachte Paco. 'Ik moet jullie gelukwensen met jullie professionele gedrag.'

'Iets wat nou niet zo op jóu van toepassing is,' repliceerde Enrique sarcastisch. 'Hoe kun je nu zo onvoorzichtig zijn bij zware zeegang?'

'Je kritiek is terecht. Ik zei net al dat ik voorzichtiger zal zijn als ik weer nodig moet. Tussen twee haakjes, ik heb niemand horen zeggen dat ook jíj proactief of creatief of wat dan ook was toen ik daar lag te verdrinken,' zei Paco. 'Als die jonkies er niet geweest waren...'

'Ach vrienden, de gevolgen van het ouder worden!' lachte Enrique. 'Tegen de tijd dat ik mijn hut uit was om de zaak over te nemen hadden onze jonge bemanningsleden de situatie al onder controle.'

'Dat is niet zo,' zei Marta. 'We waren allemaal doodsbe-nauwd. Jij hebt ons vertrouwen gegeven. Dat betekent heel veel. Trouwens, jij nam het stuurwiel over, keerde de boot en recon-strueerde precies de route die we hadden afgelegd.'

'O, en daarbij gooide ik nog wat reddinggordels in het water zodat Paco er een kon pakken als hij in de buurt was en wij hem niet konden zien. Die moeten we trouwens nog wel opvissen.'

'Mooi initiatief, of niet soms!' lachte Paco terwijl hij overeind kwam. 'Nou jongens, wat doen we, zoeken we onze oude koers weer op of blijven we hier de hele nacht liggen?'

'Hijs het grootzeil! Rol de fok uit! Breng het schip op koers!' riepen Javier, César en Toni bijna gelijktijdig uit, terwijl ze hun armen en vuisten de lucht in staken.

Conclusie van de dag

Wees proactief. Wees problemen vóór. Toon initia-tief, handel voordat iemand dat tegen je moet zeggen. Wacht niet tot er iets gebeurt – kom zelf in actie.

DAG 11

20° 00' 46" noorderbreedte

44° 50' 00" westerlengte

Kwalijke geurtjes

De elfde dag op zee. Psychologisch gezien had het feit dat men nu over de helft van de reis was onmiddellijk effect op het humeur van de bemanning. Cuba voelde nu dichtbij en aan boord van de Mojito bespeurde men een mix van voldoening en vrees: voldoening dat men veel had geleerd en meegemaakt, en vrees voor wat hun nog te wachten stond. Iedereen had zich een verschillende voorstelling gemaakt van de aankomst, maar ze wisten allemaal dat dat moment een hoogtepunt in hun leven zou vormen.

De dag verliep rustig tot Javier, die had liggen rusten na zijn wacht gedurende de nacht, halverwege de ochtend zijn hut uit-kwam met de mededeling dat hij zich ziek voelde. Hij klaagde over stekende pijn in zijn maag, maar Marta maakte zich aan-vankelijk niet erg veel zorgen. Ze liet hem wat zuurbindende vruchtendranken drinken en schreef een puur vloeibaar dieet voor.

'Je hebt vast te veel zoetigheid gegeten,' grapte ze.

'Ja, alsof daar nog wat van aan boord zou zijn,' zei Javier.

Rond het middaguur ging Marta in de kombuis kijken wat er nog aan snacks was. Niemand te zien. Geen pan op het for-nuis, geen kok te bekennen. Ze deed de vriezer open om te zien of de lunch daar misschien te vinden was. Ze had het deksel nog niet omhoog gedaan of een walgelijke stank deed haar te-rugdeinzen. Ze sloot de vriezer en trachtte haar gedachten te ordenen. Ze deed de vriezer weer open, om vast te stellen dat wat daar aan stank uitwasemde niet veel goeds betekende, en deed hem weer dicht. Ze kwam toen op het idee het aan/uit-lampje op de vriezer te controleren: uit. Terwijl ze haar neus dicht-kneep, tilde ze het deksel weer op, stopte haar hand erin en voelde toen dat het binnenin eerder een oven dan een vrieskist was. Ze stoof naar buiten en trof Toni lekker lui in de zon liggend aan.

'Toni, ik geloof dat de vriezer kapot is,' zei ze, voor hem staand.

'Je houdt me voor de gek!' zei Toni, die zijn zonnebril afzette terwijl hij ging zitten.

'Ik maak geen grapje. Afgaand op de stank, waarvan ik bijna onderuitging, zou ik zeggen dat alles goed bedorven is.'

Na haar nogal uitvoerige beschrijving te hebben aangehoord, sprong Toni naar beneden in de kombuis, opende de vriezer en sloeg hem meteen weer dicht.

'O God!'

'Hoe lang kan hij al uit staan?'

'Ik heb geen flauw idee. Ik heb hem al dagen niet meer geopend. We hebben blikvoedsel gegeten, pasta's, worsten. Het was niet nodig om hem open te doen. Maar ik weet wel dat ik drie dagen geleden het lampje heb vervangen; ik geloof dat hij toen nog werkte.'

'Weet je het zeker?' zei Marta nijdig.

'Ik heb het niet gecontroleerd. Ik nam aan dat hij het deed.'

'Nou, je had het moeten controleren,' zei Marta.

Op dat moment kwam Enrique uit de voorhut. 'Wat is er aan de hand, jongens?'

Toni moest hem wel vertellen wat er was gebeurd. 'Het ziet ernaar uit dat de vriezer kapot is. En dat het eten bedorven is.'

'Wát? Al het eten?'

'Te oordelen naar de stank zou ik zeggen een heleboel. Maar ik moet het nog nakijken.'

'In hemelsnaam, Toni. Hoe komt het dat je het niet eerder hebt gemerkt?'

'Het is dagen geleden dat ik erin ben geweest. Ik heb er nooit aan gedacht dat hij kapot zou gaan.'

'Jij bent verantwoordelijk voor de kombuis,' snauwde Enrique, 'al heeft het er de schijn van dat je niet erg serieus bent omgesprongen met je verantwoordelijkheden.'

Toni keek hem uitdagend aan.

'Nou, ik weet zeker dat ik nog wel íets goeds heb gedaan.'

'Ja, maar die vriezer is van vitaal belang,' zei Enrique. 'Wat moeten we de rest van de reis eten? Worst?'

'Oké. Voor we verdergaan, wil ik precies vaststellen wat de schade is.'

Marta dook haar hut in en kwam terug met een paar chirurgenmaskers.

'Die had ik in de EHBO-doos gedaan, voor het geval dat. Ze komen nu van pas.'

'Bedankt dat je wilt helpen,' zei Toni.

'Hier, geef dat spul maar aan mij. Eigenlijk zou je dit zelf moeten doen, weet je.'

Toen ze de voedingswaar uit de vriezer haalden, werd hun ergste vrees bewaarheid. Ze troffen niet alleen etenswaar aan die door de hitte bedorven was, maar ook een onbeschrijflijke troep aan fruit en tomaten die al dagen moeten hebben liggen rotten. En verder een aantal yoghurtjes waarvan de houdbaarheidsdatum allang verstreken was.

Terwijl Toni al dit organische afval in een zak stopte om het in zee te gooien, ging Marta naar Javiers hut.

'Javi, slaap je?'

Javier draaide zich naar de deur.

'Nee, dat gaat niet. Ik voel me beroerd. Ik geloof dat ik koorts heb. Ik voel me draaierig in mijn hoofd.'

'Eén vraag: heb je gisteren iets uit de vriezer gegeten?'

'Ik kan het me niet herinneren. Hoezo?'

'Een hoop etenswaar is bedorven, je zou voedselvergiftiging kunnen hebben.'

'Dat zou hij toch hebben gemerkt, Marta!' riep Toni vanuit de kombuis. 'Het stinkt hier als de ziekte!'

'Maar misschien stonk het gisteren nog niet zo erg. Javier kan iets hebben gegeten wat bedorven was. Denk nog eens goed na!'

'Ik weet het niet meer, Marta! Ik loop altijd wel ergens op te knabbelen!'

'Mijn hemel,' bromde Marta. 'Ik ga je tempen en je bloeddruk opmeten.'

En terwijl ze zich in de richting van de kombuis keerde, riep ze tegen Toni: 'Als blijkt dat dit jouw schuld is, zul je dat bezuren!'

Even later was de hele bemanning op de hoogte van Javiers mogelijke voedselvergiftiging. En van Toni's eventuele schuld.

'Nou, mooi werk, man,' zei Paco tegen hem. 'Wat ben je aan het doen? Wil je ons allemaal om zeep helpen?'

Dat was het commentaar dat nog het meeste pijn deed. De rest van de dag was men bezig met het verzorgen van Javier – wiens situatie niet verbeterde – en met verwijten maken aan het adres van Toni, die zijn best deed zijn fout goed te maken. Hij maakte de vervloekte vriezer helemaal schoon en zocht een oplossing voor het restant van de etenswaren en de verpakking; hij reinigde en desinfecteerde de kombuis van onder tot boven; hij luchtte het interieur om de stank kwijt te raken die in alle hoeken en gaten hing; en hij legde eer in met een te gekke lunch van pasta, salade en in de zon gedroogde tonijn. Maar kennelijk was dat niet voldoende, want de opstelling van zijn kompanen veranderde de rest van de dag niet.

'We doen er goed aan onze eiwitten op rantsoen te zetten,' zei César bij de lunch. 'Veel is er niet over – niet genoeg voor de reis.'

'Er valt anders een hoop vis te vangen,' zei Toni.

'Maar als we niks aan de haak slaan, wat dan? Wat moeten we eten? Drie keer per dag pasta tot we in Cuba zijn?' bromde Enrique.

Toni werd rood in zijn gezicht. Alle ogen waren op hem gericht. Maar hij bracht de moed op om te zeggen wat hij op zijn lever had.

'Het spijt me echt. Maar toen ik in de keuken mijn best deed om jullie een beetje extra te verwennen, waren jullie niet zo scheutig met lof als nu met kritiek.'

'We moeten je dus bedanken dat je ons niet eerder hebt vergiftigd!' zei Marta een tikje gemeen lachend.

Plotseling hoorden ze een kreet van Javier, waardoor ze allemaal van tafel opsprongen. Marta haastte zich naar zijn hut. De anderen keken toe vanaf de deur.

'Die pijn. Ik kan er niet meer tegen,' riep hij uit, terwijl hij in bed lag te woelen.

'Rustig maar,' zei Marta. 'Ik zal je een koortswerend middel geven. Dat helpt ook tegen de pijn.'

'Het kan wel blindedarmontsteking zijn,' zei Toni zachtjes vanuit de deuropening van de hut.

'Of jij hebt hem vergiftigd!' zei César.

Toni greep César bij de arm en duwde hem weg uit de deuropening.

'Luister! Ik heb genoeg van jullie hatelijke opmerkingen! We weten helemaal niet of Javier voedselvergiftiging heeft of niet, maar jullie spelen allemaal rechtertje over me. Nu blijkt dat ik een knoeier ben. Ik doe niets meer goed. Waar zijn jullie op uit? Wat denken jullie van een beetje respect? Iedereen kan er net zo'n zooi van maken als ik.'

César was verrast door de reactie van zijn doorgaans zo laconieke vriend. Misschien hadden ze hem te hard aangepakt.

'Oké, oké,' zei hij. 'Rustig maar. Ik zeg al niks meer.'

De rest van de middag liepen Marta, Enrique en César onophoudelijk heen en weer tussen Javiers hut en de kajuit. Toni en

Paco hadden de wacht. Hun bezorgdheid werd met de minuut groter.

'Als blijkt dat Toni gelijk heeft met zijn blindedarmontsteking, dan hebben we wat op ons geweten!' zei Enrique. 'Vóór we vertrokken heb ik tegen iedereen gezegd dat je hem moest laten weghalen!'

'Nou!' zei Marta. 'Dat zijn nog eens drastische maatregelen. Volgens jou zou de hele wereldbevolking haar appendix moeten laten verwijderen!'

'Dat zou niet nodig zijn. Alleen een klein percentage van de wereldbevolking komt waarschijnlijk in een situatie als de onze terecht: midden op de oceaan, zonder ook maar een schijn van kans om een ziekenhuis te bereiken. Jij weet beter dan wie ook dat een blindedarmontsteking fataal kan zijn!'

'Alsjeblieft zeg,' zei César. 'Laten we niet zo morbide doen. Er is geen reden om meteen aan het ergste te denken.'

'Op dit moment is de koorts niet zo hoog, dus we kunnen ervan uitgaan dat er geen sprake is van een infectie,' zei Marta. 'Dat geeft de burger wat moed. Maar in een noodsituatie zou ik niet weten wat we kunnen doen.'

'Laat een radioboodschap uitgaan,' zei Enrique. 'Maar veel zullen we er niet aan hebben.'

Later die dag, met de wisseling van de wacht, liepen Paco en Toni Javiers hut in om te zien hoe hij het maakte. Hij probeerde net zijn kooi uit te komen.

'Help me! Snel! Ik moet naar de wc!'

Ze renden met hem door de kajuit naar de wc. Door de deur heen konden ze pijnlijk duidelijk de heftige reactie van Javiers ingewanden horen.

'Het lijkt erop dat het probleem zich vanzelf oplost,' zei Toni.

Ze stonden nieuwsgierig te wachten tot de deur openging en Javiers bleke, bezwete gezicht verscheen. Steun zoekend aan de wanden strompelde hij naar de tafel en viel op de bank neer. Toni en Paco staarden hem aan.

'Wat een opluchting!' riep Javier ten slotte uit. 'Ik dacht dat ik doodging.'

'Voel je je beter?'

'Veel beter. Ik had een verstopping. Daar heb ik wel eens eerder last van gehad.'

'Maar waarom heb je dat niet gezegd? We dachten dat je voedselvergiftiging of blindedarmontsteking had! We waren doodongerust!' zei Paco.

'Ik weet het niet. De symptomen waren anders. Mijn darmen deden ontzettend pijn. Ik voelde overal steken, maar het kwam niet in me op dat ik al dagen niet meer naar de wc was geweest. Plotseling was het net of ik uit elkaar zou barsten... God, wat was dat verschrikkelijk!'

'Nou, het is maar goed dat het niet erger was. Voor mij was het ook geen pretje,' zei Toni. 'Die knapen hier wilden me het liefst kielhalen omdat ik je had vergiftigd.'

'Laten we nou niet overdrijven!' lachte Javier.

'Niet overdríjven?!' bitste Toni. 'Ik ben zo ongeveer veroordeeld en gevierendeeld zonder dat ik het recht had mezelf te verdedigen. Jullie hebben me allemaal als een hond behandeld.'

'Wauw!' zei Paco. 'Je maakt er een veel te groot drama van! Misschien zijn er wat te harde woorden gevallen. Zo moet je het niet opvatten. Je hebt een knoeiboel gemaakt van die vriezer. Je bent slordig en onverantwoordelijk geweest. Je verwacht toch geen medaille hè?'

'Ik voelde me een jochie wiens vader maar blijft zeggen hoe waardeloos hij is, terwijl zijn broertje wel alle waardering en affectie krijgt omdat hij het genie in de familie is. In dit geval: Javier.'

'Wat!' riep Javier. 'Geef mij niet de schuld. Ik heb de hele dag in mijn hut liggen doodgaan. Wat jullie allemaal hebben uitgevoerd, ik heb er niets mee te maken!'

'Nou, als jullie verder uitzoeken wie de schuldige is,' zei Paco, 'ga ik de anderen vertellen dat je uit de doden bent opgestaan.'

Toni en Javier zaten zwijgend in de kajuit, ieder zijn eigen wonden likkend. Na een tijdje zei Javier:

'Je zult de moed dienen op te brengen om kritiek te aanvaarden. Als je zo'n fout maakt, moet je ermee zien te leven.'

'Zeker. Maar ik wil ook dat ze erkennen dat er dingen zijn die ik goed doe.'

'Dat doen we ook.' Marta's stem was achter hem.

Toni draaide zich om en zag zijn kameraden het trapje afkomen. Ze gingen allemaal voor hem staan.

'Onze excuses dat we je zo hard hebben aangepakt,' zei Enrique. 'Kritiek dient je te helpen fouten die je gemaakt hebt te corrigeren; je moet ervan leren. Maar positieve waardering voor wat je hebt gepresteerd, helpt je beter te worden, te groeien.'

'We zagen alleen de slechte dingen, zoals altijd, Toni,' zei César. 'We hebben geen oog voor de goede dingen tot die er ineens niet meer zijn. Je moet slim zijn en ook de goede kanten kunnen zien. In jouw geval, je bent een prima kok. Je hebt geweldig goed werk gedaan door ons de hele reis te eten te geven. En dat willen we je laten weten.'

'Laten we nu niet overdrijven,' zei Toni. 'Ik wist niet eens hoe je een ei bakt voordat we ons gingen voorbereiden op deze trip.'

'Maar jij hebt je ervoor ingespannen en je hebt je helemaal gegeven,' zei Javier. 'En daar gaat het om.'

'Vergeet ook niet dat we van onze fouten leren,' zei Marta. 'Dat is het goede aan fouten maken. Je leert dat je je geen tweemaal aan dezelfde steen moet stoten.'

'Nou, bedankt,' zei Toni. 'Dankzij jullie voel ik me wat beter. Mijn zelfrespect is weer een paar punten omhooggegaan. Ik voelde me door jullie de pispaal!'

'Je maakt er ook zo'n drama van!' lachte César.

'Nee, ik meen het. Als we dan openhartig zijn, laten we het dan over de goede én slechte dingen hebben.'

'Ik denk dat het veel erger is als je wordt genegeerd,' zei Paco. 'Ze mogen je vertellen dat je dingen goed of verkeerd doet –

dan kun je ze beter doen – zolang ze je tenminste iets zeggen. Als ze niks zeggen, betekent het dat je er niet toedoet, dat je er alleen maar bent. Dat is erger.'

'Bedenk dat als we kritiek op je hebben, we dat doen omdat we om je geven,' zei Enrique. 'Je kunt leren van je fouten en je kunt verder aan de slag met wat je hebt gepresteerd. Dat hangt van jou af.'

'Mensen die tevreden zijn met zichzelf presteren beter,' aldus Paco. 'Aan de andere kant zal iemand die door iedereen wordt genegeerd, van alles doen om ervoor te zorgen dat hij wat aandacht krijgt. Net als kinderen van wie de ouders nooit thuis zijn en geen tijd voor hen hebben. Die halen allerlei kattenkwaad uit om maar op hun kop te krijgen, want dat is de enige manier waarop ze in de ogen van hun ouders kunnen bestaan.'

'Ja, ik weet precies wat je bedoelt,' zei Marta. 'En dat dragen ze de rest van hun leven met zich mee. Geef me positief commentaar, geef me negatief commentaar, maar laat het commentaar niet helemaal achterwege. Als je mensen niet een vorm van aandacht geeft, is het net of ze niet bestaan.'

'Daarom', zei Paco, 'moet je ervoor zorgen dat mensen zich beter voelen doordat je hun vertelt wat ze goed en wat ze fout doen, doordat je om zo te zeggen hun koers corrigeert. De tweede keer doen we dat allemaal beter.'

'Wanneer iemand kritiek op je heeft, moet je bedenken dat de fout die je gemaakt hebt, ook een positieve kant heeft, omdat je ervan leert,' zei Enrique terwijl hij Toni aankeek. 'Maar als je er niets van opsteekt en weer dezelfde fout maakt, is wat je hebt meegemaakt puur negatief.'

'Nou, ik heb geleerd dat dat lampje op de vriezer ergens goed voor is en dat je dat af en toe moet controleren. En dat als het niet aan is, er iets anders úit is,' grapte Toni. 'Maar zonder gekheid, ik heb geleerd dat ik meer met mijn werk bezig moet zijn en ook aan de kleine dingen moet denken. En nu het misverstand uit de weg is geruimd en alles vergeven en vergeten, stel ik voor dat we Javiers wonderbaarlijke herrijzenis en de ondergang van onze vriezer vieren met een heerlijk diner bestaande uit soep uit een pakje en tonijn uit blik.'

Dit gastronomische voorstel bleek een doorslaand succes te zijn. Iedereen veegde zijn blikje tonijn schoon met toast melba uit de provisiekast en dat ging best goed naar binnen. Behalve dan bij Javier, wiens maag nog tot de volgende dag in hongerstaking ging. Uit voorzorg.

Conclusie van de dag

Besteed aandacht aan anderen. Negeer hen niet. Vertel hun wat ze goed doen en kom met opbouwende kritiek voor wat ze beter kunnen doen. Zelfrespect, veel of weinig, hangt daarvan af.

DAG 12

20° 50' 06" noorderbreedte

50° 10' 00" westerlengte

Rare snoeshanen op zee

Paco en César zouden zo worden afgelost van een van de rustigste wachten tijdens de hele overtocht. De zee deinde met lange, hoge golven, de wind woei behoorlijk, met een constante kracht van vijftien knopen; hun eigen snelheid was zeven knopen en het was aangenaam warm weer. Met het grootzeil en de fok zeilde de Mojito probleemloos verder in het door de elementen bepaalde tempo, waardoor de bemanning de kans had lekker te niksen. Alles was onder controle. Alles, behalve dan een vreemd lichtje dat ze een uur geleden in de verte hadden gesignaleerd, pal voor hen: een schip dat dezelfde koers volgde als de Mojito. Paco wees er Javier en Enrique op toen ze de wacht overnamen.

'Het moet wel een schip zijn. Maar ik kan het met de kijker niet zien. Te ver weg.'

Enrique kon inderdaad niet meer onderscheiden dan een nietig flikkerlichtje aan de horizon. Ze zouden moeten afwachten. Om middernacht, met de boordlichten aan, keek Javier nog eens. Ze waren nu dichter bij het lichtje gekomen en ondanks de duisternis konden ze zien dat het een klein vaartuig was, zo'n tien meter lang. Er werden weddenschappen afgesloten. Om twee uur 's nachts was de Mojito ongeveer een halve mijl van het schip verwijderd, dat veel minder snelheid had, misschien vier knopen. Marta en Toni waren al aan dek om de wacht over te nemen, maar Enrique en Javier besloten nog even op te blijven –

op z'n minst tot ze hun collega-transatlantische zeilers hadden gesproken.

'Dit is echt spannend!' zei Marta. 'De eerste mensen die we in twaalf dagen op zee tegenkomen.'

Om drie uur bevond de *Mojito* zich op vijftien meter van de achterzijde van het kleine jacht. Paco en César waren weer in de kajuit. Ze hadden geprobeerd te ontdekken of er iemand aan dek was, maar de boot leek wel verlaten. Javier pakte een zaklantaarn, gaf signalen en riep. Er kwam geen antwoord; daarom begonnen ook César en Toni te schreeuwen.

'Ahoi! Is er iemand aan boord? Hallo!'

Totale stilte. Plotseling verlegde het kleine zeiljacht zijn koers naar het noorden. Enrique volgde, verrast, en probeerde langszij te komen. César, Javier en Toni gingen door met roepen. Maar het zeiljacht wendde weer de steven. Enrique wist niet goed wat hij moest doen, maar aangezien iedereen aan boord er wel zin in had een paar nieuwe gezichten te zien, besloot hij ook overstag te gaan. Nu veranderde de boot voor de derde keer van koers.

'Waar slaat dit op?' schreeuwde Enrique.

'Misschien is de bemanning doof,' zei Javier.

'Blijf volgen,' zei César.

Enrique wendde weer de steven. En Javier bleef maar roepen. Eindelijk verschenen er twee hoofden boven de rand van de stuurhut. Het was een jong stel dat hen kortaf, nogal koel groette.

'Hé!' schreeuwde César. 'Hulp nodig?'

'Nee,' antwoordde de man nors, met een buitenlands accent.

'Is alles oké?' vroeg César weer.

'Het spijt me,' was het enige antwoord.

César keek wat bezorgd naar Javier en Toni.

'Waar komen ze vandaan, denk je?' zei Toni. 'Ik zie geen vlag.'

'Waar komt u vandaan?' riep César.

'Het spijt me...' herhaalde de jongeman. Hij zat duidelijk niet te wachten op gezelschap.

César ging benedendeks en probeerde ze via de radio te pakken te krijgen, op kanaal 16, maar kreeg geen antwoord. Integendeel, de boot verraste hen opnieuw met een wending naar het noorden.

'Ik denk dat we ze maar beter alleen kunnen laten,' zei Enrique. 'Het is duidelijk dat we niet gewenst zijn.'

'Idioten!' zei Javier. 'Hoe onaardig kun je niet zijn!'

'Hé, kalm een beetje,' zei Marta. 'Je hoeft je niet zo aan te stellen.'

'Wat een stelletje klootzakken!' bromde Toni. 'We willen allemaal dolgraag met iemand praten!'

'Marta, je moet toch toegeven dat ze zich een beetje vreemd gedragen,' zei César. 'Dat is toch niet normaal, vooral niet hier, midden op de oceaan.'

'Nou, stel je eens in hun plaats,' zei Marta.

'Hoezo?'

'We moeten niet zo snel oordelen. Ze zullen heus wel hun redenen hebben. We weten gewoon niet wat voor mensen het zijn.'

'Ik snap dat jij het voor hen opneemt,' zei César. 'Ik vind dat het een stelletje zakken zijn en daarmee uit. Meer valt er niet van te maken.'

'Natuurlijk wel. Er valt altijd meer bij te bedenken,' repliceerde Marta.

'We komen binnenkort wel iemand anders tegen,' zei Paco. 'Welterusten allemaal.'

Enrique en Paco waren moe van hun lange nachtelijke wacht en gingen benedendeks; ze vergaten de vreemde boot.

César en Javier besloten nog even aan dek te blijven, om Marta en Toni gezelschap te houden tijdens hun wacht.

Marta had plaatsgenomen op een bank en zei: 'Ik wil jullie eens vertellen wat mij is overkomen. Jullie weten dat ik in mijn leven zo'n beetje van alles heb gedaan. Ik heb ook een jaar lesgegeven op een school in Málaga. Ik deed wat je de 'lichte vakken' noemt. Ik gaf les in gezondheidskunde, voedingsleer en EHBO. Mijn leerlingen waren tussen de veertien en zestien jaar oud, niet de gemakkelijkste leeftijd. Ik herinner me dat een van de docenten bij de eerste toetsen, na twee maanden, het over een leerling had die niet in mijn klassen zat. Hij was me overigens wel op de "speelplaats" opgevallen door zijn eenzelvige manier van doen – een bewuste keuze, dacht ik. Ik had hem zien discussiëren met zijn klasgenoten, waarna hij met grote passen wegliep en in een hoekje wachtte tot de bel weer ging.

De docent klaagde dat hij geen huiswerk maakte, in de les zat te slapen, niet geïnteresseerd en lui was. De collega had het geprobeerd met dreigen en paaien, maar niets werkte. Erger nog, de jongen gaf toe dat de leraar het juist zag, maar toch veranderde hij zijn gedrag niet. De docent stelde voor maatregelen te nemen. Hij vond dat de jongen het slechte voorbeeld gaf aan de overige leerlingen. Na de tweede proefwerkweek zei dezelfde docent dat de leerling het nog slechter deed, dat hij vaak te laat of afwezig was. Hij stelde voor dat de jongen van school af moest. De andere leraren leken het daarmee eens te zijn. Ik vroeg toen of iemand de moeite had genomen om eens serieus met de jongen te praten. De docent zei dat hij dat had gedaan, maar dat het niets had uitgehaald. Ik vroeg of ze hem ook hadden gevraagd waarom hij zich zo gedroeg. Ze keken me allemaal glazig aan. Ik vroeg of ik het nog een paar dagen mocht proberen.

Hij werd in mijn klas geplaatst; op een middag had ik hem vrijgegeven voor zijn andere lessen met het excuus dat hij me moest helpen bij de voorbereiding van een diapresentatie. Ik praatte met hem; de volgende dag belegde ik een vergadering met de andere docenten en vertelde hun dat de jongen zijn gedrag helaas niet zou veranderen. De collega's keken me allemaal aan. "Je kunt hem wel van school sturen," zei ik, "maar luister eerst eens naar de redenen waarom de jongen onder de les in slaap valt, zijn huiswerk niet maakt en te laat komt. Een halfjaar geleden is zijn vader bij een ongeval om het leven gekomen, anderhalve maand voordat de school begon. Hij was vrachtwagenchauffeur. Zijn moeder heeft kanker en doet een chemokuur en kan nauwelijks voor haar kinderen zorgen. Hij heeft twee broers, van zeven en drie, die hij eerst, voordat hij hier naartoe komt, naar de basisschool en het kinderdagverblijf moet brengen. Als de school uitgaat, haalt hij ze weer op en gaat dan met hen naar het ziekenhuis, waar hun moeder vaak ligt. De rest van de tijd zit hij op school." Hier stopte ik en zoals ik had gehoopt, zei de leraar van de jongen: "Nu ik dat gehoord heb, lijkt het me het verstandigst de arme jongen niet van school te sturen, maar hem zo veel mogelijk te helpen".'

'Wat een treurig verhaal!' zei Toni.

'Treurig, maar waar. Heel veel mensen hebben dit soort achtergronden. Maar de jongen kreeg zijn zaakjes voor elkaar, deels dankzij de steun die hij op school kreeg. Ik heb contact met hem gehouden en nu zit hij op de universiteit. Wat een hopeloos geval leek, werd een winnaar, die op het punt stond zijn kansen in het leven te vergooien, omdat iedereen hem wel veroordeelde, maar niet de moeite nam zich in hem te verplaatsen.'

'Wat je wilt zeggen is dat de mensen in die boot misschien een goede reden hadden om zich te gedragen zoals ze deden,' zei César.

'Precies. We kunnen geen oordeel hebben over hun gedragingen zonder de achtergronden te kennen. Misschien waren ze een paar dagen geleden wel overvallen en waren ze bang voor ons. Of hebben ze een besmettelijke ziekte en willen ze niet dat wij die ook krijgen. Wie zal het zeggen?'

Javier keek om en zag dat het lichtje van het kleine zeiljacht nog altijd, zo'n drie mijl verderop, te zien was. Hij sprong overeind, leunde naar voren over de achtersteven, maakte een toeter van zijn handen en riep zo hard hij kon: 'Bedankt!'

'Jij bent ook moeilijk te peilen!' lachte Marta. 'Eerst noem je ze klootzakken en nu bedank je ze. Maar ik ben er niet zeker van dat ze je gehoord hebben.'

'Ja, dat weet ik wel, maar nu voel ik me beter,' zei Javier met een glimlach.

'Je ziet dus dat elk verhaal twee kanten heeft,' zei Marta. 'Er is niet één, absolute waarheid. Ik heb te doen met mensen die denken dat die wel bestaat.'

'Ik heb er zelf een paar ontmoet,' lachte Toni. 'Het soort mensen dat geen opinie wil horen die niet die van hen is.'

'En die niet verder kunnen kijken dan hun neus lang is,' zei César. 'Ze zien alleen wat ze willen zien.'

'Wat hetzelfde is als halfblind zijn,' zei Marta. 'Er zit veel meer achter dan men denkt. Hun werkelijkheid is de enige werkelijkheid en ze zijn niet in staat die van iemand anders te zien. Ieder individu verschilt van andere mensen omdat hij of zij geboren en getogen is in een ander gezin, een andere opvoeding heeft genoten en andere dingen heeft meegemaakt.'

'We doen er verkeerd aan etiketten op mensen te plakken en te denken dat iedereen op dezelfde manier tegen de dingen moet aankijken,' zei César.

'Je hebt volkomen gelijk. Je moet je in anderen verplaatsen om te begrijpen hoe zij de dingen zien,' zei Marta. 'Het is gevaarlijk te proberen mensen te beoordelen op grond van hun houding, hun woorden, de klank van hun stem en zelfs de blik in hun ogen – zonder ze eerst goed te leren kennen.'

'Als ik me niet vergis, wordt dat *empathie* genoemd,' zei Toni. 'Het vermogen jezelf in een ander te verplaatsen, bedoel ik.'

'Ja, dat is de vakterm,' antwoordde Marta. 'Maar het is echt heel eenvoudig: niets is geheel zwart of wit, het hangt volstrekt af van de kleur van de brillenglazen waar je doorheen kijkt. Het probleem zit bij ons, bij onze vooroordelen.'

'Hmm, volgens mij krijgt deze reis een leerzaam karakter,' zei Toni met een geeuw.

'En je wilde eerst helemaal niet mee!' grinnikte Javier.

'*Ik*? Ik kan me daar niets van herinneren! Is dit niet ook weer een van je vooroordelen?'

Alleen achtergebleven aan dek, moesten Toni en Marta wel met weemoed terugdenken aan de voorstelling die ze van de oversteek hadden gemaakt: dat ze dan nieuwe mensen zouden leren kennen, samen plezier zouden hebben, een band zouden krijgen en een gedetailleerd inzicht in wat eenieder had ervaren. Niets daarvan was uitgekomen.

'Ik denk dat de eenzaamheid vat op ons begint te krijgen,' zei Marta.

'We zitten al twaalf dagen op zee,' zei Toni. 'Dan is dat te verwachten. Je kunt je niet voorstellen hoe erg ik de vaste wal mis!'

'O,' lachte Marta. 'Ik twijfel er niet aan dat je op den duur die lange, saaie dagen op zee nog gaat missen.'

'Hé, achteraf zien de dingen er altijd positiever uit.'

Conclusie van de dag

Je kunt het gedrag van anderen niet begrijpen als je je niet in hen verplaatst en de wereld niet door hun ogen beziet.

DAG 13

21° 50' 29" noorderbreedte

55° 25' 66" westerlengte

Zeelui nemen waarschuwing ter harte

In de middag: prachtig helder weer. Aan boord: alles rustig. Dit geeft goed de soezerige sfeer weer in de eerste helft van de dertiende dag op zee. Toni en Marta lagen op de voorplecht te zonnen. Paco had de wacht in de stuurhut. César leunde aan stuurboord voorover om te zien hoe de boot een fraai schuimspoor in de oceaan trok. Enrique was bezig zijn gereedschap schoon te vegen met een lap en de gereedschapskist opnieuw in te richten. Javier zat naast hem, met een pen tussen zijn tanden: hij broedde op zinnige formuleringen voor in zijn dagboek. Alleen het flapperen van de zeilen – door een onschuldige verandering van de wind – verstoorde af en toe de rust die er aan boord heerste. Een rust die snel weerkeerde door een nauwelijks merkbare draai aan het stuurwiel of het trimmen van een zeil. Het leek erop dat de dag in serene rust zou verlopen.

Toni geeuwde, kwam overeind, rekte zich uit en pakte zijn handdoek. Toen verstrakte hij: via kanaal 16 van de radio schetterde luid en duidelijk het volgende bericht: *Sécurité, sécurité, sécurité! All ships, all ships, all ships!* Toni spitste de oren en stond nog altijd op dezelfde plaats. Marta ging overeind zitten. Enrique keek op van zijn klusje en liet een half dozijn schroevendraaiers stomweg vallen. Javier nam de pen uit zijn mond, maar vergat die dicht te doen. Paco draaide aan de volumeknop van de radio. César liet zich naast hem vallen, met zijn oor tegen de geluidsbox.

Sécurité, sécurité, sécurité! Alle schepen, alle schepen, alle schepen!
Aller ogen en oren waren nu op de radio gericht. Het vaartuig
aan het andere uiteinde van de golflengte maakte zichzelf be-
kend. *Dit is Aloa, Aloa, Aloa – Alfa, Lima, Oscar, Alfa . Sécurité. Aloa.*
Navigatiewaarschuwing! Halfgezonken containers! Schakel over
naar de ultrakortegolf, kanaal nul-zes. Over.
Paco schakelde naar het opgegeven kanaal. Het bericht kwam
opnieuw via kanaal 06, maar nu met de specificatie dat de Aloa
drie halfgezonken containers had gesignaleerd in een gebied dat
begrensd werd door 21° noorderbreedte en 52° westerlengte:
exact het rak waarbinnen de *Mojito* nu voer! Enrique zocht snel
de zee rondom de boot af en commandeerde de bemanning naar
hun posten: Paco en César in de stuurhut, luisterend naar de radio en met een oog op het achterschip; Toni aan stuurboord;
Marta aan bakboord; Javier in de mast, in een harnas; hij zelf zou
de voorsteven voor zijn rekening nemen.

'Ogen én oren open,' blafte hij. 'Blijf goed kijken, maar luister vooral goed. Elk geluid dat je hoort kan een container zijn.
Als we er op eentje stuiten, slaat hij een gat in ons schip. En dat
zal niet gemakkelijk te repareren zijn. Het zit er dan dik in dat
we zinken.'

Het kleinste detail – een schuimkopje op zee, een lichtschit-
tering op het water of het geluid van een brekende golf – kon
van levensbelang zijn. Zo gingen de uren voorbij, met de bemanning op haar hoede, zich er wel van bewust dat, ook al was
de kans gering dat ze in die onmetelijke waterpartij op iets zouden stuiten, ze nog niet even met hun ogen mochten knipperen.
Terwijl de uren voorbijkropen, hoorden ze allemaal dingen
waarvan ze schrokken, alsof ze die nooit eerder hadden gehoord: het zachte geruis van het water langs de zeilboot, het ge-
kreun van de zeilen, het rukken van de wind, het geluid van hun
eigen ademhaling, het gekabbel van de golven, de plons van een
opspringende vis. Alleen Toni gunde zich, terwijl César de

wacht aan stuurboord overnam, de tijd om wat dubbele boter-
hammen te maken voordat hij Javier in de top van de zwaaiende
mast afloste. Op dat moment, om één uur, riep hij dat hij iets
aan de horizon had zien blinken. Niemand antwoordde, maar
de hele bemanning verzamelde zich aan stuurboord en keek en
luisterde, in aandachtige stilte. Een kwartier lang waren ze allemaal muisstil en toen stuurde Enrique hen terug naar hun posten. Zo brachten ze de rest van de dag door, tot Enrique om acht
uur, toen de zon onderging, vaststelde dat ze nu buiten de geva-
renzone voeren.

'Ik denk dat we nu wel veilig zijn. We zijn een heel eind voorbij de coördinaten die ze via de radio hebben opgegeven.'

'Jezus!' zei Marta. 'Wat een afknapper!'

'Ja,' zei Toni. 'Het is een behoorlijk beangstigende gedachte
dat je iets over het hoofd kunt zien; ik bedoel dat je je niet reali-
seert wat het is en, bám, er zit ineens een container in de zijkant
van je boot.'

'Het lijkt me dat we voorzichtig genoeg zijn geweest. Ik be-
twijfel echt of jullie iets over het hoofd zouden hebben gezien,'
zei Enrique. 'Jullie waren er heel erg op gespitst. Ik denk dat jullie last van je gehoor hebt.'

'Klopt,' zei César. 'Ik heb dingen gehoord waarvan ik niet
wist dat ze bestonden.'

'We hebben allemaal intensief staan luisteren,' zei Paco.
'Maar ik denk dat dit vooral jóuw moment was, Enrique.'

'Míjn moment?'

'Ja, jóuw moment. Ik ben er absoluut zeker van dat je nooit
eerder in je leven zó op je qui-vive was. Ik heb je nooit eerder zo
geduldig zien staan luisteren naar iets.'

'Daar kan hij wel gelijk in hebben,' zei Toni. 'Toen ik zei dat
ik iets aan de horizon zag, luisterde je vreemd genoeg naar me
zonder me in de rede te vallen. Je liet me uitpraten. Je stelde belang in wat ik te zeggen had. Ik geloof niet dat ik eerder heb ervaren dat je zozeer belang in me stelde.'

'Kom nou, Toni,' zei Enrique. 'Ik stel altijd belang in wat je me te zeggen hebt.'

'Toni heeft gelijk,' zei Paco. 'Je gaat altijd door waarmee je bezig bent als ik tegen je praat. Soms negeer je me volstrekt.'

'Wat mij betreft, is het niet zo dat je me echt negeert,' zei Toni. 'Maar vaak doe je wel alsof je luistert, terwijl je in werkelijkheid met andere dingen bezig bent. Je kijkt me wel aan, neemt de tijd voor me, ook als je niets anders doet, maar met je gedachten zit je ergens anders. En daarbij heb je de nare gewoonte om o, *hmm hmm* en zo te brommen en daarbij te knikken, maar iets te melden heb je niet omdat je niet de moeite neemt om te luisteren naar wat ik te zeggen heb.'

'Ik geloof dat jullie een heel verkeerd beeld van me hebben. Dit is allemaal nogal uit de lucht gegrepen,' zei Enrique.

'In mijn geval', zei Javier, 'denk ik dat je selectief te werk gaat als je naar me luistert.'

'Hoezo?'

'Je luistert maar half, zonder echt aandacht te schenken aan wat ik zeg. Zo af en toe, als je de indruk hebt dat je iets interessants hebt gehoord, onderbreek je me en moet ik alles nog eens van voren af aan vertellen, omdat je niet echt hebt opgelet. Dat gebeurt meestal wanneer ik het heb over iets wat jou direct aangaat.'

'Nou, nou, nou... Het lijkt erop dat iedereen gaat meedoen met deze massale steniging,' zei Enrique. 'Hoe zit het met jou, Marta? Heb je ook al een steen klaarliggen?'

'Nee, niet bepaald. Jij luistert altijd naar me. Maar je schijnt alleen de kale feiten op te pikken, niet de gevoelens. Het kan je niet schelen hoe ik me voel als ik je iets vertel. Weet je nog dat ik met mijn vinger klem kwam te zitten in de ankerketting en je toen vroeg wat er mis was met het anker?'

Ze moesten allemaal lachen – allemaal, behalve Enrique, die al bang begon te worden dat ze op hem zouden blijven inhakken. Maar op het laatst koos César zijn kant.

'Nou, ik moet ter verdediging van mijn vader zeggen dat ik altijd het gevoel heb gehad dat hij naar me luistert. Hij toont zich bezorgd om hoe ik me voel, of ik me goed voel. Vanochtend toen ik een schok kreeg van de accukabel, was het eerste wat hij vroeg of ik me pijn had gedaan.'

'Leuk hoor!' reageerde Marta. 'Familie onder mekaar.'

'Oké, genoeg met die onzin!' onderbrak Enrique haar. 'Familie of geen familie. Jullie maken dat ik me een echte zak voel. Maar nu ik jullie heb aangehoord en jullie storm van kritiek stoïcijns over me heen heb laten komen, is er niemand die iets aardigs tegen me wil zeggen?'

'Iets aardigs,' zei Paco. 'Maar probeer wel lering te trekken uit wat we hebben gezegd. Misschien hebben we een tikje overdreven, maar er zit ook wel wat waars in onze woorden.'

'Maak je geen zorgen, er zijn wel beroerdere lui dan jij,' lachte Marta. 'Mensen die maar even naar je luisteren, om je dan te onderbreken en hun eigen verhaal te vertellen. Het doet er dan niet toe wat je vertelt, ze komen altijd aanzetten met hun eigen meningen of met een verhaal dat in de verste verte wel een verband heeft met wat jij aan het vertellen was. Je weet dan dat ze hun eigen leven veel interessanter vinden dan dat van jou. Het soort mensen dat altijd en eeuwig over zichzelf praat. Ze proberen wel te doen alsof ze luisteren, maar het enige wat ze doen is bedenken wat ze vervolgens zelf zullen gaan zeggen. Het enige wat hun interesseert is hun eigen opinie en advies; ze komen steeds met "Ja, maar" op de proppen omdat ze denken te weten wat jij wilt gaan zeggen. Gelukkig ben jij zo niet, Enrique.'

'Nou, de hemel zij dank! Tenminste iets waarvan ik niet beschuldigd kan worden.'

'En dan heb je nog de mensen die alleen willen dat je naar hén luistert,' zei Toni. 'Eenrichtingsverkeer. Opinies en adviezen van anderen willen ze niet horen. En waag het niet een kritisch geluid te laten horen. Het enige wat ze willen is dat jij luistert. Ze moeten niets hebben van jouw meningen.'

'Ik heb het idee dat je mij bedoelt. Is dat zo?'

'Helemaal niet, Enrique. Ik heb het niet over iemand hier aan boord.'

'Geweldig! Alweer een kwalijke eigenschap die ik niet bezit. Ik begin te denken dat ik bij nader inzien toch niet zo'n kwaaie ben. Maar zoals jullie me eerst afschilderden...'

'Niemand heeft toch gezegd dat je slecht bent,' antwoordde Paco. 'Je bent een prima kerel, alleen kun je niet luisteren. Misschien ben je te ongeduldig. Voor luisteren heb je geduld nodig.'

'En moet je weten wanneer je je mond moet houden,' zei Marta. 'Je moet aandacht voor iemand hebben, niet oordelen; niet op hetzelfde moment andere dingen doen, maar de ander in de ogen kijken en letten op het geluid van zijn stem, op de kleine dingen. Luisteren betekent niet simpelweg aanhoren, maar begrip opbrengen. Wat weer niet hetzelfde is als het met iemand eens zijn.'

'Nou, dankzij die drijvende containers en de luisteroefeningen van vandaag hebben jullie de gelegenheid gekregen mij dit allemaal te vertellen. Ik beloof jullie dat ik jullie woorden ter harte zal nemen. Van nu af aan zal ik mijn stinkende best doen mijn luistervaardigheden op het hoogste niveau te brengen.'

'Mijn luistervaardigheden kunnen ook wel wat aangescherpt worden,' zei Paco. 'Ik ben er niet zeker van dat ik altijd de juiste instelling heb of de juiste indruk geef, wat ongeveer op hetzelfde neerkomt.'

Toni ging nu spontaan applaudisseren. De anderen deden mee, met hoera- en bravo-geroep. Enrique, niet iemand die publiekelijk gemakkelijk bloosde, ging staan alsof hij wilde gaan speechen en stak zijn handpalmen bezwerend in de lucht om hun applaus te doen stoppen.

'Ik moest net denken aan een e-mail', zei hij, 'die ik een paar jaar geleden ontving en waarin een nogal ter zake doende zin stond. Die luidde ongeveer zo: "God heeft ons twee oren, maar slechts één mond gegeven, opdat we twee keer zo vaak luisteren als praten". Dat vat uitstekend samen wat we vandaag hebben geleerd, denk ik. Dit gezegd hebbend, ga ik mij terugtrekken in mijn hut, want ik ben bekaf en uitgehongerd en ik nodig jullie allen uit hetzelfde te doen – behalve natuurlijk degenen die nu de wacht hebben.'

Hij draaide zijn metgezellen de rug toe en verdween benedendeks, met opgeheven hoofd en op waardige wijze.

'Wat een kerel is dat!' zei Javier terwijl hij hem nakeek.

'Dat is de vriend die ik respecteer,' zei Paco.

'En de vader van wie ik houd!' lachte César.

DAG 14

Harde leerschool

Javier had een flink deel van de ochtend van de laatste dag van het jaar doorgebracht met het afzoeken van het dek naar de bron van de stank die het hem al sinds de vorige avond moeilijk had gemaakt om adem te halen. Uiteindelijk vond hij, achter een stapel trossen, de oplossing: een vliegende vis die ze een paar dagen geleden bij de ochtendschoonmaak over het hoofd hadden gezien. Nu hij dat probleem had opgelost, ging hij op de achterplecht zitten, pakte een relingsteun beet en keek peinzend naar de vissen die uit het water opsprongen. De boot voer op de autopilot en hij kende een uiterst rustige wacht. Maar met die rust was het gauw gedaan.

Hij kwam overeind, hoorde gekraak en toen een klap achter zich; hij wendde zich net op tijd om nog de overzwaaiende giek te zien voordat deze hem een dreun verkocht die voelde of het einde van de wereld daar was. Toni, die bij de mast zat, keek machteloos toe toen de giek zijn vriend op het voorhoofd trof en hem tegen het dek sloeg. Hij krabbelde naar hem toe, zag het bloed uit zijn hoofd gutsen en riep verschrikt om hulp. In de kajuit had Marta een doffe dreun gehoord en toen ze Toni's vale gezicht in het luikgat zag, realiseerde ze zich dat er iets ergs was gebeurd. In een tel zat ze naast de gewonde Javier met de EHBO-kist in haar hand. De rest van de bemanning, die in de hutten lag te rusten, werd gewekt door de opgewonden stemmen van Toni en Marta en ze renden nu ook het dek op. Javier lag buiten bewustzijn, met een afschuwelijke jaap in zijn voorhoofd.

'Mijn god! Wat is er gebeurd?' schreeuwde Enrique.

Marta probeerde het slachtoffer bij te brengen met tikjes op de wangen.

'Ik denk dat de autopilot de koers naar het zuiden verlegd heeft,' zei Toni, die moeite had zijn tranen te bedwingen. 'Het ging zo langzaam dat we het niet hebben bemerkt. De giek, die aan bakboord stond uitgevierd, klapte over naar stuurboord en nam Javiers hoofd mee.'

'Hij komt bij,' zei Marta.

Javier bewoog zijn hoofd langzaam van de ene naar de andere kant. Ten slotte opende hij zijn ogen.

'Javier, kun je me verstaan? Het is allemaal voorbij,' zei Marta op kalme toon, terwijl ze zijn hoofd masseerde. 'Alles in orde met je?'

Het lukte Javier flauwtjes te glimlachen. Zijn hoofd tolde. Hoe lang was hij buiten westen geweest?

'Alles in orde?' vroeg Marta weer.

Javier keek de kring met vijf gezichten rond die boven hem hingen. Hij keek hen een voor een aan en verzamelde ten slotte de kracht om te praten.

'Te oordelen naar Toni's gezicht moet ik op mijn doodsbed liggen.'

Iedereen wendde zich nu tot Toni, die inderdaad zo wit als een laken zag.

'Hé man, haal die uitdrukking van je gezicht. Zo erg is het niet,' zei César op iets meer dan een fluistertoon. 'Kom, ga zitten.'

Paco borduurde voort op Césars woorden.

'Te oordelen naar je stemgeluid ben je oké, denk ik. Weet je nog wat er gebeurd is?'

'Die giek probeerde mijn gezicht te verbouwen,' antwoordde Javier.

Het grapje zorgde voor opluchting bij zijn maten.

'Niet boos worden, Enrique,' zei Javier, die probeerde zijn hoofd op te heffen. Marta stak haar hand uit om hem tegen te houden.

'Wie zegt dat ik boos ben?' zie Enrique verbeten.

'Dat zegt je gezicht. Je bent boos vanwege dit ongeval. Omdat we op de autopilot navigeerden.'

'Het is nu niet het geschikte moment hiervoor,' kwam Marta tussenbeide. 'Ik moet de wond schoonmaken en de snee hechten. Denk je dat je tegen de prikken kunt?'

'Ja,' zei Enrique, 'niet alles tegelijk.'

'Laat ons dan maar even alleen,' zei Marta. 'En laat iemand een kussen halen voor onder zijn hoofd.'

Terwijl de anderen zich om de boot bekommerden, boog Marta zich over de wond.

'Ik hoop dat je met je naald en draad beter overweg kunt met sneeën dan met zeilen,' zei Javier.

'Ik begrijp dat die dreun op je hoofd je spits heeft gemaakt,' lachte Marta. 'Wees maar niet bang, ik ga je zo oplappen dat je er weer als nieuw uitziet – over een paar maanden dan.'

'Au!' riep Javier uit. 'Dat doet pijn!'

'Kom nou, dat kun je wel hebben. Het is alleen maar wat alcohol. Ik zal je plaatselijk verdoven.'

Tot rust gekomen door de werking van het anestheticum, keek hij Marta aan terwijl ze in de weer was met haar naald.

'Merkwaardig dat de uitdrukking op iemands gezicht zo onthullend is en veel meer zegt dan woorden,' zei hij.

'Wat bedoel je?'

'Toen ik bijkwam, kon ik aan de uitdrukking op ieders gezicht zien wat hij dacht, en wel zo duidelijk dat daar geen woorden voor nodig waren.'

'We waren allemaal flink geschrokken,' zei Marta.

'Zeker. Maar jouw gezicht vertelde me dat je rustig was. In tegenstelling tot Toni, die er bezorgd en angstig uitzag.'

'Maar die is algauw over zijn toeren!' lachte Marta. 'Ook om-

dat hij bij jou was toen het gebeurde.'
'Enrique keek niet op dezelfde manier naar me als de rest.
Hij dacht aan andere dingen. Zijn gezicht verried dat hij kwaad
was. Intussen zag Paco eruit als iemand die geen idee had wat er
aan de hand was.'
'En César?'
'Arme César keek naar jullie allemaal en vroeg zich af waarom jullie zo'n gezicht zetten. Dat zag ik in zijn ogen.'
Marta lachte. 'Het lijkt erop dat je onze gezichten echt hebt
kunnen interpreteren. En jij: zoals je sprak – het was een hele
opluchting je wat te horen zeggen!'
'Hé, communiceren is meer dan alleen maar praten,' zei Javier. 'Je woorden dienen vergezeld te gaan van je gebaren, je
houding, de toonhoogte van je stem, de blik in je ogen.
Soms zijn die kleine details het allerbelangrijkst: je gelaatsuitdrukking, een glimlach, wat je met je handen doet, de manier
waarop je staat of zit. En je stembuiging, de pauzes tussen de
woorden, de nadruk die ze krijgen. Soms kom je iemand tegen
en dan laat hij of zij alles van zichzelf zien via de gezichtsuitdrukking.'
'Ik weet precies wat je bedoelt. Het is zoals mijn vader het
formuleert: je kunt het mensen niet kwalijk nemen wat voor gezicht ze hebben, wél wat voor gezicht ze zetten en trekken.
En we kunnen ook leren hoe we de toon van onze woorden
moeten matigen. Vaak worden mensen niet zozeer geraakt door
wát we zeggen, maar door de manier waaróp.'
'Dat is een veelvoorkomend probleem,' zei Javier. 'Soms is
onze gelaatsuitdrukking in volstrekte tegenspraak met wat we
zeggen. Het is zo dat ons onderbewuste meer afgaat op de gelaatsuitdrukking dan op de woorden. Hoeveel criminelen zijn er
niet veroordeeld omdat hun advocaten niet wisten hoe ze met
hun argumenten de rechter of de jury moesten overtuigen?'
Marta moest lachen bij de gedachte.
'Ik ben blij dat die klap tegen je hoofd je denkvermogens niet

heeft aangetast,' zei ze terwijl ze het uiteinde van het laatste hechtdraadje afknipte. 'Klaar. Helemaal dichtgenaaid. Kun je overeind komen?'

'Ja, natuurlijk.'

'César!' schreeuwde Marta. 'Kom me eens helpen.'

Even later hadden ze hem lekker comfortabel te rusten gelegd op de kussenbank in de kajuit.

'Een fraaie manier om het nieuwjaar te beginnen,' lachte César. 'Man, je bent een ramp.'

'Zeg dat wel. Eerst mijn maag en nu dit.'

'We zullen je de Klager moeten noemen!' lachte Marta.

'Hé, maar je mag niet klagen,' zei Paco die het trapje afkwam. 'Je hebt deze reis meer aandacht van Marta gehad dan iemand anders. Dat is nog eens een buitenkansje!'

Conclusie van de dag

Om met gevoel te communiceren moet je letten op de toon van je woorden, je lichaamstaal en de woorden zelf. Kies vooral het juiste moment.

DAG 15

22° 30' 37" noorderbreedte

64° 33' 00" westerlengte

Nieuwjaar in goed gezelschap

Ondanks alle opwinding van de avond ervoor begroette de bemanning de eerste dag van het jaar met hernieuwde energie. Ze voelden dat Cuba dichtbij was, nog maar drie dagen weg, als hun berekeningen tenminste klopten en het weer hun gunstig gezind bleef. Met de komst van het nieuwe jaar was een hoofdstuk afgesloten en werd de stemming er beter op. Na een licht ontbijt voegden Enrique en Marta zich in de kombuis bij Toni om het feestmaal klaar te maken. Aan dek hadden César en Paco de wacht. Javier liep rusteloos de boot af op zoek naar dingen die nodig gerepareerd of schoongemaakt moesten worden.

Toen hij langs de kombuis kwam, zei hij: 'Ik hoop dat Marta gauw klaar is in de keuken; dan kan ze mijn wond schoonmaken.'

'Dat doe ik wel. Pak mijn gereedschapskist maar,' bood Paco aan.

'Geen denken aan!' zei Javier. 'Alleen Marta's handen mogen aan mijn hoofd komen.'

'Nou nou,' zei Paco, op zijn teentjes getrapt. 'Je vertrouwt me zeker niet.'

Op dat moment hoorden ze César blij verrast buiten roepen: 'Hé, kijk daar. Walvissen!'

Het was waar: nog geen tweehonderd meter verderop spoot een kolom water uit zee omhoog, gevolgd door een kleinere straal.

'Walvissen! Walvissen!'

In een oogwenk waren de overige bemanningsleden aan dek. De aanblik van de enorme dieren was werkelijk een enerverende ervaring. De babywalvis bleef vlak bij zijn moeder, waarvan de vinnen de te volgen route leken aan te geven.

'Ze zijn vast op weg naar koelere wateren, op zoek naar voedsel,' zei Marta. 'Walvissen zijn het hele jaar op reis, van de ene plek naar de andere, tussen koud en tropisch zeewater.'

'Laten we dichterbij komen,' zei César.

'Nee,' zei Enrique. 'Dat is gevaarlijk. Ze kunnen ons tot zinken brengen met een klap van de staart.'

'Nou, dan ga ik de mast in om een foto te maken.'

César ging benedendeks en was een ogenblik later terug met een camera die om zijn nek hing en een veiligheidsharnas. Marta wilde het harnas pakken.

'Kom. Ik leg de knoop er wel voor je in.'

'Nee, dank je. Dat doe ik liever zelf.'

Toen hij zag dat Marta geërgerd was, voegde hij eraan toe: 'Voor mijn eigen veiligheid.'

'Je vertrouwt me dus niet?'

'Als verpleegkundige, ja! Maar met knopen weet ik het nog zo niet. Dus als je het niet erg vindt... Een val van vijftien meter kan een hoop schade veroorzaken.'

César knoopte het harnas vast en Marta liet hem begaan. Javier bood aan hem een steuntje te geven, maar César richtte zich tot Toni.

'Wil jij Javier even helpen met het val?'

'Dat kan ik zelf wel,' zei Javier.

'Met dat gat in je hoofd? Ik heb liever dat iemand je helpt.'

Ten slotte klom César de mast in, maakte zo'n dozijn foto's en gleed weer veilig omlaag. Daarna draaiden de walvissen in noordelijke richting weg van de *Mojito* en verdwenen in de verte. Enrique riep Toni weer naar de kombuis en Marta verzorgde Javiers wond. Intussen maakten César en Toni aan dek een mooi verzorgde tafel voor het nieuwjaarsdiner klaar. De kalme zee en het fraaie weer stonden toe dat ze de speciale dag vierden met uitzicht op de oceaan. De maaltijd, waarbij een voortreffelijke rode wijn werd geschonken die Paco zorgvuldig had achtergehouden voor deze gelegenheid, verliep in een bijzonder vriendschappelijke en prima stemming. Dat was ook geen wonder. Na de plezierige verrassing van de walvissen smaakte Toni's gemarineerde tonijn geweldig goed.

Bij het dessert vroeg Paco opeens: 'Javier, waarom vertrouwde je mij eigenlijk niet wat het schoonmaken van je hechtingen betreft?'

Javier haalde zijn schouders op. 'Het spijt me als je daarmee zit. Maar César vertrouwde mij weer niet met die lijn.'

'En hij vertrouwde mij niet met dat harnas,' zei Marta.

'Oké, wat kan ik daarop zeggen?' antwoordde César. 'Je kunt iemand niet altijd in alles vertrouwen. Soms vertrouw je hem, soms niet. Javier bijvoorbeeld had meer vertrouwen in Marta dan in Paco. Ík had daarentegen meer vertrouwen in mezelf dan in Marta.'

'Waarmee we maar willen zeggen, Marta,' interrumpeerde Enrique, 'dat het niet zo is dat mensen je niet vertrouwen, maar dat ze je met bepaalde dingen meer vertrouwen dan met andere.'

'Trouwens, heb je jezelf ooit afgevraagd wat vertrouwen eigenlijk is?' zei Paco.

'Ik denk dat het iets is wat je in de loop van de tijd moet zien te winnen,' zei Marta. 'Je moet enige ervaring met mensen hebben zodat je kunt laten zien dat je hun vertrouwen waard bent. Omdat César mij nooit knopen had zien leggen, vertrouwde hij mij niet met dat harnas.'

'Ik denk dat het een kwestie is van kunde, kennis en voorbereiding,' zei Enrique. 'Je kunt wel iemand in grote lijnen vertrouwen, maar niet in elk opzicht. Alleen wat betreft dingen waarvan ze hebben aangetoond dat ze die aankunnen.'

'Je wint iemands vertrouwen,' zei Javier. 'En stukje bij beetje schenk je ook vertrouwen. Je kunt geen vertrouwen hebben in iemand die je niet kent, of hij moet zijn aanbevolen door iemand anders in wie je wel vertrouwen hebt. Maar je kunt al helemaal geen vertrouwen hebben in iemand die jou heeft teleurgesteld.'

'Je hebt gelijk. Je kunt alleen iemand vertrouwen die je verwachtingen niet heeft beschaamd,' zei Marta.

'Maar vanaf welk punt begin je iemands vertrouwen te winnen?' vroeg Toni.

'Daar is maar één afdoende manier voor,' zei Marta. 'Concentreer je goed op wat je doet. Dat is de beste manier om fouten te voorkomen en mensen niet teleur te stellen.'

'En dan nog iets – iets wat nog belangrijker is,' zei César. 'Als je meldt dat je iets zult doen, doe het dan ook. Als je een toezegging doet, kom er dan vervolgens niet op terug.'

'Helemaal waar. Je kunt niet eerst "ja" zeggen en vervolgens "nee",' meende Javier. 'Als je er niet zeker van bent dat je je belofte kunt houden, of je wilt het niet, of je weet niet hoe je het moet aanpakken, kun je maar beter "nee" zeggen vóór je begint.'

'Je bent je er misschien niet van bewust, maar tijdens je hele leven, vanaf het moment dat je een kind was,' zei Paco, 'is het beeld dat mensen van je hebben te vergelijken met het merk van een product of met de reputatie van een firma. En zoals een bepaald merk of logo wordt vereenzelvigd met kwaliteit en prestige, zo moet jij ook een goede naam zien te krijgen. De boodschap van een bedrijf is: "Schaf mij maar aan en je problemen zijn de wereld uit". Voor mensen geldt: "Vertrouw mij maar, ik zal je niet in de steek laten".'

'Maar wat vaststaat is dat als je iemands vertrouwen kwijt bent, het heel lastig zal zijn om het terug te winnen. Daarom is het van belang dat je wat je ook besluit te doen, serieus aanpakt en dat je er je ziel en zaligheid in legt.'

'Denk eens na over mensen die je in het algemeen gesproken

wantrouwt,' zei Enrique. 'Mensen met wie je nooit zaken zult doen of de oceaan overzeilen. En vraag jezelf eens af waarom niet.'

Er viel een diepe stilte rond de tafel. Toen hij tot zijn voldoening merkte dat niemand van plan was kritiek uit te oefenen op mensen die niet aanwezig waren, kwam Enrique ten slotte met een ander idee op de proppen.

'Laten we eens nadenken over onszelf. Stel jezelf de vraag of mensen je al dan niet vertrouwen, wat voor indruk je wekt en wat voor dingen mensen met je hebben ervaren, dingen waarmee je hebt getoond dat je een betrouwbaar iemand bent. Heb je veel fouten gemaakt? Hoeveel mensen heb je teleurgesteld? Hoeveel mensen hebben volgens jou alle vertrouwen in je? Hoe heb je hun vertrouwen weten te winnen? Zouden ze uit een vliegtuig springen met een parachute die jíj voor ze had gevouwen?'

Conclusie van de dag

Kom je beloften na, voer uit wat je zou gaan doen. Controleer je werk goed; dat scheelt een hoop fouten. Gun jezelf de tijd om het vertrouwen van je collega's te winnen.

DAG 16

23° 60' 00" noorderbreedte

70° 25' 00" westerlengte

Een vreemde gast

Met nog maar vierhonderd mijl van het einddoel verwijderd, ploegde de Mojito door de nacht met een sterke wind in de rug, alsof het schip opgevrolijkt werd door de gedachte dat het haar baas weer zou zien en van een welverdiende rust zou genieten. Misschien was dit wel zijn laatste oversteek, misschien ook niet. Wie weet. Met dergelijke gedachten hield Marta zichzelf bezig, terwijl ze aan het stuurwiel stond op een rustige wacht samen met César, die de grootste moeite had zijn ogen open te houden op zijn zitbank. Terwijl ze naar hem zat te kijken, bedacht ze met een dankbaar gevoel dat het zijn mening was geweest die de doorslag had gegeven bij de vraag of zij aan boord kon komen. Ze kon nauwelijks bevatten hoe belangrijk deze vijftien dagen waren geweest, niet alleen voor wat ze allemaal had meegemaakt, maar vooral om de vele leerzame ervaringen. Ze kon nauwelijks haar ongeduld bedwingen om in Havana te zijn, maar tegelijkertijd was ze bang dat de vriendschapsbanden die ze met haar vijf metgezellen had aangeknoopt niet méér bleken te zijn dan dunne draadjes. Ze hoopte dat ze even sterk zouden blijven als een stevig vastgesjorde lijn. Ze nam zich voor alles in het werk te stellen om de vriendschappen die ze aan boord had gesloten te onderhouden. Aan geduld ontbrak het haar niet.

'Hoe laat is het, Marta?' César onderbrak haar gedachtegang.

'Het is bijna zover.'

'Ik ben doodop. Waar stond je aan te denken?'

Marta gaf geen antwoord.

'Hé, hoor je me wel? Waar dacht je aan?'

'Sst. Hoorde je dat?'

'Wat? Ik hoorde niets.'

'Sst!'

César spitste de oren en nu kon hij heel duidelijk, ergens vóór hen, een soort spettergeluid horen. Het klonk als het plonzen van een vis, maar het kwam niet van het water.

'Een vogel?'

Marta liet het licht van de zaklantaarn langs de mast op en neer gaan, maar ze zagen niets. Daar was het geluid weer.

'Het komt toch van boven, dat weet ik zeker,' zei Marta terwijl ze de mast weer afzocht.

'Aan stuurboord. Schijn eens naar stuurboord.'

In elkaar gedoken op de zaling zagen ze iets waar hun mond van openviel.

'Het ís een vogel!' riep César uit. 'Maar zijn we dan zo dicht bij het land?'

Op de bovenste zaling zat een kleine vogel met een onduidelijk kleurpatroon. Wat voor vogel het was zouden ze niet voor het licht was te weten komen, want de lichtbundel van de zaklantaarn scheen hem bang te maken, waardoor hij zijn kop nog verder wegstak in zijn borstveren. Ze hadden geen idee waar hij vandaan kon komen. Dat ze plotseling oog in oog stonden met een landbewoner – na vijftien dagen niets anders te hebben gezien dan de schepselen der zee – was een schokkende ervaring. Toen de dag aanbrak en het dier wat minder behoedzaam was, konden ze de kenmerken van een duif onderscheiden. Of iets wat daarop leek. Kon een duif zo ver komen?

'Natuurlijk!' zei Paco. 'Het moet een postduif zijn!'

'Dat is het!' zei César, die naar beneden sprong.

Een ogenblik later was hij terug met een kijker.

'Er zit iets aan zijn poot. Dat kon wel eens een briefje zijn!'

Het raadsel van de boodschapper op de mastzaling had de

hele bemanning aan dek gebracht. Maar hoe ze ook floten en koerden, de duif maakte volstrekt geen aanstalten naar beneden te komen, of om weg te vliegen!

'Hij moet het spoor bijster zijn,' zei Toni. 'Gelukkig dat hij ons vond. Hij maakt de indruk geen puf meer te hebben. Moet je ook nagaan, we zitten nog altijd midden op de oceaan. Hij moet dagen hebben gevlogen zonder te rusten.'

De uren gingen voorbij, en omdat er niets te melden viel, begon de interesse in de duif af te nemen. Alleen zette Marta elk halfuur een kom met melk en brood en een bakje met vers water onder aan de mast. Elk halfuur.

'Waarom ben je zo vasthoudend?' vroeg Javier haar vanaf het stuurwiel. 'Die komt niet. Het is een vogel, geen hond. Vogels vertrouwen mensen niet.'

'Hij moet honger en dorst hebben. Als hij ziet dat ik steeds vers voedsel neerzet, krijgt hij misschien vertrouwen in me,' zei Marta voor ze zich weer overgaf aan het roekoeën en het fluisteren van lieve woordjes aan het adres van het arme schepsel.

'Je doet maar. Je verdoet je tijd.'

Om twee uur 's middags meldde Marta de rest van de bemanning dat de duif naar de lagere zaling was gewipt.

'Dat is een hele vooruitgang!' Ze moesten allemaal lachen.

Alleen Paco ging een keer naar Marta toe bij haar voederplaats en had bemoedigende woorden voor haar.

'Wat een geduld heb je, meisje! Zolang jij er bent, laat hij ons nooit in de steek.'

Om vijf uur, toen Marta haar bakjes weer op dek zette, kwam de duif van bovenaf fladderen en landde op de reling. Marta verroerde geen vin, in de wetenschap dat de minste of geringste beweging het dier zou kunnen wegjagen. César, die vanuit de stuurhut toekeek, begon naar haar toe te lopen, maar ze stak haar hand op om hem tegen te houden. Een paar lange minuten wachtten ze in stilte; toen streek de duif op het dek neer en hupte zonder angst op Marta af, die op haar knieën bij de bakjes zat.

De vogel pikte hongerig in het brood, maar toen hij zijn snavel in het water stak, dook Javier plotsklaps op uit het luikgat.

'Hoe is het met onze postbesteller?' zei hij luid.

Het antwoord kwam in de vorm van fladderende vleugels boven hun hoofd. De duif keerde terug naar zijn roeststok in de hoogte.

'Jezus, man! Jij hebt er een handje van!' zei César.

'Hoe moet ík dat nu weten!'

'Laat maar. Hij komt wel weer naar beneden,' zei Marta. Inderdaad. Zodra het dek vrij van mensen was, fladderde de vogel naar beneden om de maaltijd voort te zetten. Marta stond achter in de stuurhut toe te kijken. Tot haar grote verbazing draaide de duif zich om – blijkbaar verzadigd –, stond haar een tijdje aan te staren en sjokte toen haar richting uit. Via het luikgat stonden Javier, César en Enrique naar het tafereel te kijken.

'Nu! Pak hem!' fluisterde Javier, klaar om op te springen zodra de duif voor hem langs zou lopen.

'Niet doen! Als je hier een beweging maakt, jaag je hem weer de mast in, of vliegt hij misschien weg. Marta is de enige die bij dat briefje kan komen.'

Maar het geluid van hun stemmen had de duif gewaarschuwd. Hij draaide om en bleef stokstijf staan, precies voor het luikgat. Javier maakte een sprong en viel uit naar de vogel. Deze was, snel als de wind, al gevlogen toen hij op het dek belandde.

'Wat ben je verdorie aan het doen!' schreeuwde César. 'Je hebt hem alweer weggejaagd!'

Javier, die in een onelegante pose op zijn buik lag, voelde aan de wond op zijn hoofd om vast te stellen dat hij verder geen schade had opgelopen.

'Au! Dat dek is hard!'

'Net goed,' zei Enrique. 'Moet je maar niet zo ongeduldig zijn.'

'Ik denk dat we ons maar beter gedekt kunnen houden; we laten Marta alleen met de duif,' zei César. 'Het lijkt erop dat zíj

zijn vertrouwen heeft gewonnen en dat wíj hem alleen maar weten te verjagen.'

De vreemde bezoeker had wel een halfuur nodig om voldoende moed te verzamelen om weer naar beneden te komen.
Maar toen het dier dat deed, vloog het direct naar het dek en
landde bij Marta's voeten, op de plek waar ze geduldig bewe-
gingloos was blijven zitten.

'Daar ben je dan,' fluisterde Marta. 'Wil je mij het briefje geven?'

Langzaam stak ze haar hand uit en wachtte tot de duif dichterbij kwam. Ze pakte hem rustig beet en zette hem op haar
schoot. Ze streek hem een paar minuten over zijn kop en pas
toen ze voelde dat de hartslag van de duif trager werd en hij
zachtjes met zijn nek tegen haar hand wreef, probeerde ze heel
voorzichtig het opgerolde papiertje dat aan zijn rechterpoot zat
te verwijderen. Ze rolde het uit en las het. Vanuit het luikgat zagen César en Toni, beiden gewapend met verrekijkers, haar
glimlachen. Ze konden nauwelijks hun ongeduld bedwingen, ze
wílden weten wat er in het briefje stond. Maar Enrique hield hen
weer tegen.

'Zoals jullie nu wel bemerkt zullen hebben, is de enige manier om deze duif te benaderen geduld hebben, heren. Nog even
volhouden. Wacht tot Marta het bericht voorleest.'

Op dat moment kwam Marta overeind, na het rolletje papier
weer te hebben teruggegeven aan de eigenaar, en zette het dier
op de reling. De vogel keek eerst naar het water, dan naar de
lucht, vervolgens naar Marta, koerde en vloog tot ieders verbazing weg. Toni, César en Enrique krabbelden het dek op.

'Dag!' riep César en zwaaide met een hand.

Toni keek Marta aan. Er rolden dikke tranen, als van een
kind, over haar wangen. Hij hield haar in zijn armen.

'Ik wou dat hij tot Havana bij ons gebleven was,' zei Marta.

'Maar hij moest verder.'

'Waar naartoe?' vroeg Enrique.

'Dat weet ik niet. Dat stond er niet in,' glimlachte Marta.
Paco voegde zich bij het groepje. 'Zijn jullie niets meer te weten gekomen over het dier?' vroeg hij.
'Jawel,' zei Enrique. 'Marta heeft het briefje gelezen.'
'Wat? En dat heb je ons niet verteld?'
'Wat stond erin, Marta?' vroeg Toni vriendelijk.
Marta keek ze een voor een aan. Toen glimlachte ze.
'Er stond in: "Ik ben een postduif, op weg naar huis. Als je me vindt, ben ik vast moe, dorstig, hongerig of gewond. Zorg goed voor me en laat me dan weer gaan".'
Niemand zei een woord.
Toen zei Paco: 'Mijn hemel! Dan zullen we nooit te weten komen waar hij vandaan kwam en waar hij naartoe ging.'
'Zeker, maar het is het mooiste wat we na ons vertrek uit Las Palmas hebben meegemaakt,' zei Toni. 'En dat allemaal dankzij Marta's geduld en vasthoudendheid.'
'Je hebt ons laten zien dat volhouden uiteindelijk beloond wordt,' zei Enrique.
Marta deed er nog even het zwijgen toe; toen zei ze: 'Ik heb altijd geloofd dat als je echt iets wilt, je het uiteindelijk ook krijgt. Maar je moet wel geduldig en vasthoudend zijn. Je mag het niet opgeven bij de eerste de beste tegenslag.'
'Twaalf uur!' zei Paco.
De anderen keken hem aan.
'Je bent al twaalf uur aan dek, zonder te slapen, en dat na je wacht van vannacht. Je hebt geen moment rust gehad en alleen maar heen en weer gerend met je bakjes water en brood. Wij hadden het allang halverwege de ochtend opgegeven. Maar jij hield vol, ook al maakte je geen duidelijke vorderingen.'
'Ik heb echt gedacht dat de duif weg zou vliegen zonder ons het briefje te laten zien,' zei César.
'Ik wist dat hij uiteindelijk wel zou komen,' zei Marta. 'Ondanks al die herrie die jullie maakten, wist ik dat hij toch zou komen, als ik maar volhield. Zo gaat het altijd: de dingen die het

meest voldoening geven, zijn de dingen die we langzaam, stukje bij beetje, stap voor stap, te pakken krijgen. Door onze problemen te overwinnen. Wat telt is onze wilskracht.'

'Je kunt alleen oogsten wat je hebt gezaaid,' zei Enrique.

'Je mag niet verwachten iets te oogsten als je niet eerst hebt gezaaid,' zei Paco.

Conclusie van de dag

Ga elke dag wat verder. Laat de moed niet zakken, ook al zie je geen vooruitgang. Heb geduld. Met volharding en wilskracht kom je er wel.

DAG 17

24° 32' 43" noorderbreedte

75° 25' 00" westerlengte

Land in zicht!

Ze konden Havana nu bijna ruiken en de onrust aan boord werd er niet minder op omdat de bemanning vol opwinding uitzag naar het binnenlopen in de haven, maar ook al iets van heimwee bespeurde naar de tijd die men samen aan boord had doorgebracht. Al sinds de vroege ochtenduren hadden ze half-verzonken koraalriffen waargenomen en na het ontbijt konden ze aan bakboord duidelijk de contouren onderscheiden van wat volgens hen Isla San Luis was. Enrique drukte iedereen op het hart een oogje in het zeil te houden en meldde dat ze voor de rest van de reis op handbesturing zouden overgaan. Er was continu het risico dat ze aan de grond zouden lopen. Paco nam het stuurwiel over terwijl Javier de zee voor hen in de gaten hield voor alles wat een gevaar zou kunnen vormen.

Halverwege de ochtend wakkerde de wind ineens aan tot twintig knopen en in minder dan geen tijd verscheen er uit het niets een dikke donkere wolk die de zon bedekte. De *Mojito* werd gehuld in duisternis, waardoor het daglicht leek te vervagen in een vroeg ingevallen schemering. Het was volgens de klok nog ochtend, maar te oordelen naar het licht zou je dat niet hebben gezegd. Algauw schoot er een geweldige bliksemstraal door de lucht, gevolgd door de klap van de donder. Paco en Javier haastten zich om het grootzeil te laten zakken. Enrique en Toni schoten te hulp met de fok die ze opbonden rond de boom. Gezien de vooruitzichten riep Enrique hun toe de regenpakken aan te trekken. Het duurde inderdaad niet lang of een striemende regen viel uit de hemel op hen neer met druppels die van lood leken. Wat hen echter nog meer verontrustte was dat ze aan de horizon een weinig goeds voorspellende tropische storm zagen opsteken die met huiveringwekkende snelheid op de *Mojito* afkwam. De windkracht was toegenomen tot vijftig knopen en voelde aan als een orkaan. Er kwam een hoge zee te staan en het zeilschip helde zo ver over dat ze bang waren dat het zou kapseizen. Enrique en Toni krabbelden weer naar beneden, terwijl Paco en Javier zich vastgordden met behulp van hun veiligheidsharnas, bang om in zee geveegd te worden.

Zo'n twintig minuten lang waren ze aan de elementen overgeleverd. Door het stampen van de *Mojito* en de plenzen water vanuit de lucht was het zicht op zee nul. Paco dacht dat hij dingen door de lucht zag vliegen, een sandaal, misschien een plastic fles. Het dek leek onder het wateroppervlak te verdwijnen. Je had het idee dat je onder de golven door voer, hoewel de *Mojito* echt zijn best deed over de schuimkoppen van de aanrollende zee te 'surfen'. Terwijl elke poging om op de been te blijven mislukte, bedacht Paco dat hij zo'n storm eigenlijk nog nodig had om zijn logboek compleet te maken. Maar na een paar minuten begon de storm wat af te nemen en verscheen er een reepje blauwe lucht aan de rand van de wolken, dat eerst niet van plaats scheen te willen veranderen. De golven, die een hoogte van drie meter hadden bereikt, vlakten af tot een woelige zee. In nog geen halfuur was de storm overgedreven en scheen de zon weer flauwtjes boven hun hoofd. Aan dek was het één grote puinhoop van dingen en lijnen die door en over elkaar lagen. Toen de hele bemanning weer buiten was, stelde Marta voor het dek op te ruimen en een lijstje te maken van dingen die ze misten.

'Maar morgen zijn we toch in Havana? Wie maakt zich nou druk om wat we kwijt zijn?' bracht Toni daartegenin.

'Toni, wees niet zo lui!' zei Paco. 'Mijn hemel, ik kan wel

zien dat je door de reis niets veranderd bent hè?'
'Hoe kom je daarbij?' kaatste Toni terug.
'Omdat je nog steeds dingen tegen heug en meug doet, net als toen we vertrokken.'
'Kom nou! Dat is wel erg overdreven!' antwoordde Toni.
'Is dat zo? Nou, kom dan hier aan de voorkant om na te gaan of alles in orde is.'

Toen ze de lijnen oprolden die door de storm uiteengeslagen waren, zei Toni: 'Weet je, Paco, ik denk dat ik op deze reis juist érg veranderd bent. Ik weet niet of jullie het allemaal gemerkt hebben, maar vanbinnen voel ik me soms een heel ander iemand. Ik weet het niet. Zoals ik 's ochtends opsta, dan voel ik me echt gelukkig. Ik heb geleerd te waarderen wat ik bezit, ik ben gemotiveerder. Herinner je je die eerste dag nog, toen ik jullie vertelde dat ik niet meeging?'

'Je denkt toch niet dat ik dat zou zijn vergeten!'

Toni legde een opgerolde lijn op zijn plaats, ging overeind staan en staarde naar de horizon.

'Je hebt er geen idee van hoe blij ik ben dat jullie me hebben omgepraat! Deze reis was de indrukwekkendste ervaring in mijn hele leven – veruit.'

Paco lachte.

'Nee, ik meen het! Wat ik hier met jullie heb geleerd, had ik nog niet op de beste universiteit geleerd. Dit is wat je noemt de leerschool van het leven!'

'Dat zie je verkeerd. Het leven aan de wal is een heel andere zaak.'

'Toch heb ik op dit schip dingen geleerd waar ik later veel aan zal hebben. Zoals op die eerste dag; ik nam mezelf voor me nooit meer als een windvaan te gedragen. En bij dat voornemen ben ik gebleven door deze overtocht te maken. En kijk nu eens! Ik heb het volbracht! En daardoor voel ik me nu trots op mezelf. Overigens, toen ik laatst door het logboek bladerde, zag ik dat je vergeten had mijn naam weer op de rol te plaatsen.'

'Ik heb gewacht met je weer te registreren tot we aankomen,' glimlachte Paco.

'Ik heb het al gedaan.'

Ze liepen terug naar de stuurhut.

'En hoe zit het met jou, Paco, de doorgewinterde avonturier, heeft deze oversteek je nog iets geleerd?'

Paco liet een kort, luid lachje horen.

'Het leven, jongen, is één grote leerschool. Tot de dag dat je doodgaat.'

'Alles in orde daar?' vroeg Enrique toen ze de stuurhut in sprongen.

'Alles in orde,' zei Toni.

'Waar lachen jullie om?'

'Om een van Toni's grappen,' zei Paco. 'Hij vroeg me of ik nog iets geleerd had op deze reis. Wat vind jij?'

Enrique dacht even na.

'Nou, hoe je 's nachts een drenkeling vindt zonder gek te worden bijvoorbeeld.'

'Nou, het spijt me hoor,' zei Paco, 'maar wat jij en ik hier hebben geleerd, beste vriend, is dat we oud worden en straks niet meer meetellen. Onze jonge metgezellen waren degenen die die dag de doorslag gaven. Of laat je geheugen je in de steek? Je zei het zelf. Zij waren creatief en proactief. Per slot van rekening hebben zíj mijn leven gered. Maar afgezien daarvan heb ik tijdens deze overtocht, hoe vreemd het ook mag klinken, twee andere dingen van groot belang geleerd. Het ene is dat je altijd je best moet doen en wat je doet met hart en ziel moet doen – weer of geen weer, onder alle omstandigheden. Je moet nooit van je rechte koers afwijken.'

'Dat doet me weer denken aan de dag dat de wind zo veranderlijk was en we uren bezig zijn geweest met het hijsen en strijken van de zeilen,' zei Toni. 'Ik moet toegeven dat ik nijdig werd omdat mijn ontbijt naar de haaien was. Ik was kwaad op de wind! Het was kerstdag, nu ik eraan denk.'

'Maar die storm is toch overgewaaid, niet?' zei Enrique.

'Hij ging voorbij, dat wel. Maar het was een ontzettend gedoe.'

'Ik zal nooit vergeten hoe nodig het is dat je je aanpast aan de omstandigheden. En als je je koers moet bijstellen om de storm te doorstaan, nou, dan stel je je koers bij. Je kunt later altijd weer je oorspronkelijke koers gaan volgen.'

'Maar wat was dat andere wat je geleerd hebt, Paco?' zei Toni.

'Dat andere heeft met jou te maken, om precies te zijn.'

'Met mij? O, mijn hemel!'

'Ja. Je hebt me geleerd dat je oog moet hebben voor de goede dingen die mensen doen – en ook voor de slechte dingen.'

'O, je bedoelt dat geval met die vriezer! Je stond op het punt me overboord te gooien.'

'Nou ja, je wás een tikje nalatig geweest,' zei Enrique.

'Dat geef ik ook wel toe. Maar jij zou moeten toegeven dat je wat te ver ging.'

'Maar die dag', zei Paco, 'moest ik eraan denken hoe vaak ik geen oog had gehad voor de goede kanten van bepaalde mensen. Zodra ik thuis ben, ga ik het een en ander goedmaken. Ik ga een hoop mensen bellen.'

'Kijk onze vriend Paco nou eens!' lachte Enrique. 'En ík maar denken dat je zo goed als volmaakt was!'

Op dat moment stak Javier zijn hoofd uit het luikgat.

'Toni! Het eten brandt aan!'

'Shit!' schreeuwde Toni. Hij liet alles vallen en roetsjte het trapje af. 'Net op de laatste dag!'

Enrique schudde glimlachend zijn hoofd.

'Die jongen zal het nooit leren.'

'Hij kan zijn hele leven nog leren. Toch denk ik dat hij erg veranderd is tijdens de reis.'

'Dat geldt voor ons allemaal, inclusief mezelf. Op mijn leeftijd begin ik me te realiseren hoe weinig flexibel ik ben. Ik moet nodig wat losser worden. Ik moet leren luisteren, ik moet leren hoe ik dingen vraag en daarbij rekening houden met andermans gevoelens. Herinner je je die dag nog dat de generator begon te walmen?'

'Hoe zou ik dat kunnen vergeten!' Paco glimlachte terwijl hij ijverig het stuurwiel oppoetste tot het glom.

'Die dag realiseerde ik me dat ik degene was die iedereen aan boord een taak had gegeven, maar dat het niet in me was opgekomen dat men van elkaars taken op de hoogte moest zijn. Dat was een ernstige fout. Dat had fatale gevolgen kunnen hebben. Het vreemde was dat ik na zovele jaren in de frontlinie van de zakenwereld nog steeds niet zoiets fundamenteels had geleerd. Later, toen we erachter kwamen dat Marta niet wist hoe ze zeilen moest repareren en hoe ze moest duiken, was ik echt geschrokken. We wisten eigenlijk niet wie er met ons aan boord waren! Dat was de tweede ernstige fout bij het samenstellen van het team. Goddank konden we dat in een vroeg stadium oplossen. Maar ik moest daardoor wel denken aan mijn baan en ik besefte dat er mensen bij zijn die al tien jaar naast elkaar aan het werk zijn en absoluut geen benul hebben van wat de ander doet.'

'Komt vaker voor,' zei Paco. 'Ik begrijp dat jij ook het een en ander recht te zetten hebt wanneer je thuiskomt.'

'Hoe dan ook, dat voorval met die generator bleek gelukkig nogal vermakelijk te zijn. Ik vond het wel vervelend voor César. Wat was hij geschrokken! Ik had met hem te doen, de arme jongen.'

'Toen ontdekte je ook mijn talenten als brandweerman,' zei Paco grinnikend.

'Ha ha! Je stak de boot zo'n beetje onder ons aan. En ík maar denken dat jij van alles op de hoogte was!'

'Ojee! Ga me nu niet zeggen dat ik je held niet meer ben. Ben ik van mijn voetstuk gevallen?'

'Helemaal niet. Je hebt er eigenlijk geen idee van hoe blij ik ben dat je deze reis met me wilde maken. Het was me een waar genoegen met je te zeilen,' zei Enrique.

'Dat genoegen is wederzijds.'

Marta en César verschenen aan dek.

'Hé! Alles is zo schoon en netjes!'

'En de lunch?' vroeg Paco.

'Toni probeert het "af te blussen".' Marta glimlachte.

'Weer een krokant maal!' zei Enrique.

'Geduld nou maar, we zijn er bijna. En morgen dineren we in stijl met onze familie erbij,' zei Marta.

'Inderdaad, geduld,' zei César. 'Iets waar jij een hoop van af weet, toch, Marta?'

'Hoe kom je daar zo bij?'

'Die duif van gisteren, vrouw! Ik kan er nog steeds niet bij. Als jij aan iets begint, zal je het afmaken ook!'

'Zo bijzonder was dat nou ook weer niet,' zei Marta blozend.

'Ik herinner me nog een andere keer dat je ons een lesje gaf dat ik nooit zal vergeten,' zei César. 'Weet je nog dat we op een dag dat kleine zeiljacht inhaalden en dat de mensen erin niets met ons te maken wilden hebben? Dat verhaal dat je ons vertelde vond ik mooi: dat we zouden inzien dat we niet over mensen moeten oordelen zonder ons eerst in hen te verplaatsen.'

'Hé! Dat heb ik gemist,' zei Paco.

'Tuurlijk. Jij ligt ook altijd in bed!' riposteerde César. 'Dat moet je beslist horen. Het is een mooi verhaal.'

'Later, later,' zei Marta.

'Marta! Niet doen! Wat een gezicht!'

'Het gezicht dat ik heb?' lachte Marta.

'Nee, het gezicht dat je net trok,' zei César.

Marta lachte.

'O! Dat doet me denken aan een ander interessant gesprek, dat ik met Javier had, de dag dat hij die snee in zijn hoofd opliep, over de manier waarop we communiceren. Hij liet me zien dat lichaamstaal, de toonhoogte van de stem en de gezichtsuitdrukking net zo veel zeggen als woorden.'

'Ik stel vast', zei Enrique, 'dat het deze reis niet aan gesprekken heeft ontbroken. Er viel ook zoveel tijd te doden!'

'O! Ik moet aan nog een goed gesprek denken! Die dag dat we allemaal zo down waren en dat Paco voorstelde dat we zouden vertellen hoe we ons de aankomst in Havana voorstelden. Sindsdien denk ik na over mijn toekomst; ik maak plannen!'

'Nu al?' Paco lachte.

'Zeker weten. Je moet weten welke richting je uit wilt. Als ik niet weet waar ik naartoe wil, wat ga ik dan doen als ik thuis ben? Als ik mijn toekomst voor me zie, weet ik ook welke weg ik moet kiezen.'

'Heel verstandig!' zei Marta. 'Zo heb ik het nooit bekeken. Misschien zou ik ook plannen voor de toekomst moeten maken.'

'Weet je al wat je gaat doen wanneer we op Cuba zijn?' vroeg Paco, plotseling serieus.

'Ik blijf een poosje op Cuba, een maand of twee,' zei Marta met een glimlach. 'En dan ga ik naar Mexico, een paar vrienden opzoeken.'

'Jij verandert ook nooit!' zei Enrique. 'In de wieg gelegd om rond te trekken.'

'Helemaal niet! Ik heb me ook wel eens op één plaats gevestigd. Trouwens, ik heb jullie tijdens de reis het een en ander verteld.'

'Word je het nooit moe om steeds weer verder te trekken?'

'Als ik het zat ben, vind ik wel een plek waar ik een tijdje kan blijven. Zo wil ik mijn leven leven – dat is mijn keuze.'

'Een heel respectabele keuze, dat is zeker,' zei Enrique.

'Trouwens, ik leer zo veel wanneer ik op reis ben,' zei Marta.

'Wat heb je op deze reis dan geleerd?'

'Zo veel! Ik heb geleerd mensen te vertrouwen, het vertrouwen van anderen te winnen, mijn ziel en zaligheid te leggen in wat ik onderneem, om oprecht te zijn. Tjee, ik moet alles nog op een rijtje zetten. Ik denk dat ik die twee maanden op Cuba nodig heb om alles nog eens goed te overdenken.'

'Het eten is klaar!' riep Javier vanuit de kombuis.

'Gaan jullie maar. Ik doe de wacht wel alleen, het is rustig,' zei Paco.

'We brengen je zo wel iets,' zei Marta.

Toen de anderen beneden waren, merkten ze dat Javier en Toni het hadden over de ondermaatse kwaliteit van de lunch.

'Hé! Je hoeft niet tegen me te schreeuwen!' zei Toni.

Javier keek verbouwereerd.

'Sorry. Dat wilde ik ook niet.'

Hij draaide zich om en zag dat zijn metgezellen hem aanstaarden. Hij liep rood aan.

'Ik beloof dat ik tegen niemand meer zal schreeuwen. Ik heb geleerd dat ik mezelf moet beheersen. Ik doe mijn uiterste best, echt.'

'Dat lukt je ook wel, man!' zei Toni die zijn arm om Javiers schouders sloeg. 'Ik heb wel een flinke scheldkanonnade verdiend! De lunch is absoluut niet te eten!'

'Nou, laten we eens kijken,' lachte Paco. 'Laten we niet alleen op de buitenkant afgaan. Maar om je de waarheid te zeggen, het ziet er wel bedenkelijk uit.'

Uiteindelijk bleek de lunch best mee te vallen. Hoewel, op dat moment van hun reis waren ze meer bezig met andere dingen. Ze stonden op het punt hun eindbestemming te bereiken en ze draaiden de lessen die ze onderweg hadden geleerd en ook de ingrijpende ervaringen die ze samen hadden opgedaan, in hun hoofd af als een film die voor cinemascope was gemaakt. Ieder van hen had uit die gedeelde ervaringen opgepikt waaraan hij of zij het meest behoefte had. Zouden ze ook in staat zijn die lessen in de praktijk te brengen wanneer de *Mojito* hen had teruggevoerd naar de echte wereld, naar de wal?

Conclusie van de dag

Maak de balans op. Leer van je fouten en doe je voordeel met wat je presteert. Vraag je steeds af: wat word ik er beter van? Wat ben ik kwijtgeraakt?

DAG 18

25° 32' 43" noorderbreedte

85° 10' 03" westerlengte

Tot ziens, Mojito!

Om drie uur in de ochtend ontwaarden ze ten slotte het flik-kerlicht van de vuurtoren van Havana. Aan boord van de *Mojito* was dit ongetwijfeld de opwindendste nacht van de over-tocht. Niemand kon de slaap vatten. Trouwens, niemand pro-beerde dat ook. De zes bemanningsleden zagen hoe de Nieuwe Wereld steeds dichterbij kroop, alsof ze die voor de eerste keer ontdekten. Maar anders dan bij Columbus, ging hun euforie ge-paard met een grote droefheid, met een sterk terugverlangen naar al wat er tijdens de lange oversteek was gebeurd, naar wat ze hadden meegemaakt, naar de goede en de slechte momenten. Terwijl ze vreugde eraan begonnen te beleven dat ze behouden zouden aankomen, voelden ze in hun hart ook de last van een geweldig verlies. Ze realiseerden zich dat geluk niet alleen voort-vloeit uit het bereiken van een doel, maar ook uit de weg die men heeft afgelegd om zover te komen. Dat is de reden waarom ze liever niet gingen slapen, om maar geen moment te missen van hun samenzijn. Nu het 'aftellen' was begonnen, was de spanning zo groot dat ze alleen maar bij elkaar konden zitten en de horizon afspeurden door het duister van de nacht.

'Hoe moet ik nu verder zonder jullie allemaal?' zei Marta, die toekeek hoe de lichten van Havana opdoemden.

Niemand antwoordde. César, Toni en Javier zouden elkaar zonder twijfel blijven ontmoeten om gedurende de rest van hun leven herinneringen op te halen aan hun avontuur op de oceaan.

Paco en Enrique zouden ook boezemvrienden blijven. Maar Marta? Zouden ze haar ooit nog zien?

De dag brak aan en de zon gluurde over de horizon. Ze konden nu duidelijk de contouren van het eiland zien en ze stelden hun koers bij om de kustlijn te volgen. Toni ging naast Marta zitten.

'Als je nog een paar dagen in Havana blijft, zouden we samen wat dingen kunnen bekijken. Zoals je weet komen mijn ouders pas over drie dagen.'

Marta keek hem even aan en glimlachte toen.

'Dat zou ik heerlijk vinden.'

Na het ontbijt zocht Paco radiocontact met de haven van Havana om te zien of hun families waren gearriveerd. Vier dagen eerder hadden ze via La Rueda de los Navegantes van Rafael del Castillo het bericht verstuurd dat ze precies vijfhonderd mijl van het land verwijderd waren en dat ze op 4 januari zouden aankomen, op tijd om gezamenlijk Driekoningen te vieren. Nu liet de haven van Havana weten dat er inderdaad een Cubaan, Zacarías Reguera, samen met een groep Spanjaarden in de haven wachtte op het zeilschip Mojito. Toen ze dat hoorden, gingen César en Javier uit hun dak van vreugde.

'Ongelooflijk!' zei Enrique. 'Zien jullie dat alles uiteindelijk verloopt zoals gepland?'

Met Paco en Marta aan het stuurwiel, waren ze de hele morgen bezig om de Mojito van voor- tot achterplecht schoon te boenen. Ze wilden dat Zacarías er trots op zou zijn dat hij zijn zeiljacht aan hén had uitgeleend. Ze olieden de blokken, zetten het dek in de was en poetsten het stuurwiel op. Ze ruimden de kombuis en de provisiekast op, reinigden de hutten en pakten al hun spullen in. Tegen twaalven konden ze duidelijk de contouren van de koloniale gebouwen in de haven zien; de hele bemanning was aan dek en kon niets anders doen dan toezien hoe de stad steeds dichterbij kwam. Toen de eerste pelikanen op hen afvlogen, kon Javier de spanning niet langer aan.

'We zijn er! Ik kan het niet geloven! Kan iemand me uitleggen waarom ik zo bedroefd ben?'

'Ik zat er net aan te denken om maar om te keren en weer koers te zetten naar Las Palmas,' grapte Paco. 'Javier, ik denk dat je dat gevoel van jou wel kon verwachten.'

's Middags om twee uur, een paar minuten voor ze bij de ligplaats waren die hun via de radio was toegewezen, haalde César zijn verrekijker tevoorschijn en ontdekte op de kade zijn moeder en Zacarías.

'Waar zijn Quique en Inés?' vroeg hij bezorgd.

'Maak je geen zorgen!' zei Enrique die een arm om zijn schouder sloeg. 'Ze zijn er allemaal, daar kun je zeker van zijn.'

Toen ze de laatste manoeuvre van de oversteek uitvoerden, zagen ze inderdaad Barbara en de twee kinderen, en ook Javiers ouders, en Vicky, Paco's vrouw. Javier, Toni en César stonden naar hen te zwaaien. Vanaf de kade wuifde het grote ontvangstcomité terug.

'Hoi! Jullie hebben het gedaan! Onze dappere zeelieden!' riep Vicky zodra ze binnen gehoorsafstand waren.

Een of twee meter van de kade verloor César zijn geduld. Zonder verder na te denken klom hij over de reling en sprong naar de wal. Maar zijn benen wilden niet zo goed en hij plonsde zo het water in.

'Je kon erop wachten: een ongelukje vlak voor we aan land komen!' lachte Paco.

Barbara ging aan de waterkant op haar knieën zitten en keek bezorgd toe, terwijl de twee kinderen bijna omvielen van het lachen. César klauterde vlug weer aan boord met behulp van een lijn die Paco en Toni hem hadden aangereikt, maar hij was nog niet aan dek of hij sprong opnieuw; dit keer landde hij wel, druipend van het water, op de kade en omhelsde zijn moeder. Javier, Enrique en Paco verlieten nu ook het schip en ieder van hen begroette zijn eigen familie.

'Ik heb het volbracht!' riep Javier uit terwijl er tranen in zijn ogen kwamen te staan.

Paco woelde druk in het haar van zijn vrouw en Enrique en zijn familie klitten aan elkaar. Toni en Marta stapten in alle rust van de boot af, keken rond, ademden de warme ziltige lucht in en schudden Zacarías Reguera hartelijk de hand.

'Welkom in mijn land! Felicitaties uit de grond van mijn hart!'

Toen de opwinding wat geluwd was, droeg Enrique het schip over aan de rechtmatige eigenaar.

'Zacarías, we dragen de *Mojito* in perfecte staat aan je over.'

De oude Cubaan glimlachte en zei met een betekenisvolle blik: 'Ik heb er geen moment aan getwijfeld dat de boot in beste handen was.'

Hij maakte zich toen van hen los en sprong lenig het dek van zijn geliefde *Mojito* op. Terwijl César, Javier en Paco intussen Marta aan hun familie voorstelden, zag Barbara met zorg hoezeer haar mannen waren afgevallen.

'César, heb je niet gegeten?'

'Toni heeft al het vlees halverwege de reis laten bederven!' lachte César. 'We moesten in leven zien te blijven met gekookte rijst.'

'Hij maakt maar grapjes!' haastte Javier zich te zeggen. 'We hadden elke dag vis. Maar we zijn fysiek ook flink in de weer geweest.'

'Nou, 't is niet erg. Vanavond kunnen jullie weer wat kilo's aankomen,' zei Vicky. 'Het schijnt dat Zacarías voor ons een tafel heeft gereserveerd in een van de beste *paladares* van Havana.'

'Maar valt jullie verder niets op aan ons?' zei Enrique.

'Behalve dat jullie zo mager zijn geworden?' zei Barbara.

'Jullie zien er zo rustig uit, erg zeker van jezelf,' zei Vicky. 'De voldoening druipt van jullie gezichten. Ik neem aan dat dat ook terecht is hè?'

'Klopt. En vanavond gaan we vieren alsof het woord morgen niet bestaat,' zei Enrique.

'Je hebt gelijk!' zei Marta enthousiast. 'Jullie moeten het succes vieren.'

Toen ze hun tassen uitlaadden en op het dak van de *guagua* zetten die Zacarías had gehuurd, wendde Marta zich tot de Cubaan.

'Wat zal ik dat zeiljacht gaan missen!'

'Als je wilt mag je hier zo lang blijven als je nodig hebt om afscheid te nemen.'

'Echt?' zei Marta.

'Maar natuurlijk!' zei Zacarías, terwijl zij hem dankbaar omhelsde. Hij kende de vrouw amper twintig minuten, maar hij mocht haar nu al.

Alle tassen lagen nog niet op de *guagua* of Toni vroeg de chauffeur of deze ook zíjn backpack er weer af wilde halen.

'Dan blijf ik ook op de *Mojito*,' zei hij zich tot Zacarías wendend. 'Als u het goed vindt. Tot mijn ouders er zijn.'

Toen ze op weg waren naar hun hotel, zei Javier: 'Wat is er met die twee? Waarom wilden ze niet met ons mee?'

Paco glimlachte. 'Ik denk dat ze zich in een ander avontuur storten.'

Om zes uur die avond haalden Zacarías, Marta en Toni de anderen op in het hotel. De kinderen wilden per se op het dak van de *guagua* zitten en Paco en César klommen zonder een moment na te denken achter hen de ladder op, tot bezorgdheid van Barbara.

'Maak u geen zorgen, *doña*,' zei de chauffeur. 'Er is nog nooit iemand afgevallen.'

En met een knipoog aan de kinderen zei hij: 'Houd je goed vast!'

Ze kwamen veilig en wel aan bij de *paladar*; toen ze uit het voertuig naar buiten kropen, bleven ze met open mond staan. Voor hen stond een statig, opmerkelijk fraai koloniaal huis, omgeven door lieflijke tuinen. De eigenaresse, Lillian, begroette hen hartelijk bij de deur, nam toen Zacarías even apart en fluisterde iets in zijn oor. Ze konden merken dat de twee Cubanen oude bekenden waren. Binnen stelde Lillian voor hen rond te leiden en hun wat te vertellen over de talrijke antieke voorwerpen die het landhuis verfraaiden. Ten slotte namen ze in de eetzaal plaats voor het diner.

'Ik kan de *ropa vieja* aanbevelen,' zei Zacarías.

'De wát?'

'Dat is een traditioneel Cubaans gerecht,' zei Zacarías met een glimlach, 'bestaand uit in repen gesneden lamsvlees. Hier dienen ze het op met *garbanzos* [kikkererwten – noot van de vertaler].'

Die suggestie viel in goede aarde. Wie zou hen beter kunnen adviseren wat de plaatselijke keuken betrof? Paco kwam op de proppen met een aantal flessen *cava* [soort Spaanse champagne – noot van de vertaler] die hij voor de gelegenheid de hele Atlantische Oceaan had overgesleept. Halverwege het diner stelde hij voor een toost uit te brengen. Hij belastte de kapitein met die eer. Deze stond op, met een glas in de hand.

'Ik toost op ons succes en op de geweldige bemanning die mij tijdens dit avontuur terzijde heeft gestaan,' zei Enrique, zichtbaar geroerd. 'Ik toost op iedereen die dit heeft meegemaakt en die ervan heeft geleerd. Dat we hier in de toekomst wat aan mogen hebben en dat we dat mogen delen met degenen van wie we houden. Ik toost ook omdat we allemaal hebben geleerd dat als je iets wilt, je dat alleen kunt bereiken door hard te werken, door geduldig, flexibel en creatief te zijn, door je emoties in bedwang te houden, door te leren van je eigen fouten en door dankbaar te zijn voor je succes. En ik toost op de volgende reizen die ieder van ons in zijn leven nog zal gaan maken.'

Hij hief zijn glas in de richting van Marta en Toni. Iedereen wachtte een onderdeel van een seconde en toen was het vertrek gevuld met elkaar aanstotende glazen – ook die van de frisdrank drinkende kinderen. Wat het einde betekende van een avontuur waarin ze zich achttien dagen eerder hadden gestort, toen ze zonder twijfel nog heel andere mensen waren.

Conclusie van de dag

VIER JE PRESTATIES

Nawoord

Beste lezer/es,

Ik hoop dat de achttien dagen van de overtocht in hun kielzog iets hebben achtergelaten waar u, in de vorm van innerlijke groei, nog wat aan hebt; ik hoop dat de *ups and downs* van de *Mojito* en zijn bemanning u oplossingen aan de hand hebben gedaan waar u naar op zoek was en dat deze reis op volle zee een steun voor u was en uw gedachten heeft gestimuleerd. Als dat het geval is, stel uzelf dan de vraag wie van degenen die u kent, ook aan boord van ons zeilschip zou moeten komen... Bied hem of haar die kans met dit boek.

Woordenlijst

aanschietende zee	onstuimige zee met koppen op de golven
autopilot	automatische piloot
bakstagswind	rugwind
beleggen	vastmaken, vastsjorren (van lijn)
blok	hijsblok, katrol
fok	klein driehoekig zeil vóór de mast
giek	uitstekend dwarshout onder aan het grootzeil
guagua	op Cuba: minibus
harpsluiting	beugel met inschroefbare sluitpen
knoop	snelheidsmaat op zee, 1 zeemijl (1852 m) per uur
lenspomp	pomp om iets leeg (= lens) te pompen
lijn	driestrengstouw
luikgat	gat dat door een luik kan worden gesloten
neerhaler	touw dat wordt gebruikt bij het strijken van een zeil
paladar	Spaans: verhemelte, smaak; op Cuba: privérestaurant
Rueda de los Navegantes	nachtelijk radioprogramma voor zeelieden, opgezet door Rafael del Castillo en zijn team vanuit Argentinië, Cap Verde en de Azóren, en dat wordt uitgezonden over de Atlantische Oceaan vanuit Las Palmas (Gran Canaria)

schoot	haal- en viertouw onder aan een zeil
spi-boom	spinnakerboom
spinnaker	ballonfok, grote kluiver
SSB	kortegolfradio
talie	eenvoudige takel voor lichte werkzaamheden
val	hijsdraad, -ketting
windkracht	kracht van de wind volgens de schaal van Beaufort, die 12 klassen kent
zaling	balkje boven aan de mast

Dankbetuiging

Ze zeggen weleens dat je je zegeningen moet 'afzetten' met dankbetuigingen zodat ze niet gaan rafelen. Ik wil mijn erkentelijkheid uitspreken aan al die mensen die me, direct en indirect, hebben geholpen met het realiseren van dit boek. Ik hoop maar dat ik niemand ben vergeten.

– mijn zoon Carlos Piera: bedankt dat je me er jarenlang aan herinnerde dat ik een keer de overtocht naar de Caraïben wilde maken en dat je me er zo toe aanzette dit boek te schrijven;

– Itziar Ripoli, die er jarenlang op aandrong dat ik het boek zou schrijven;

– Imma Muñinos, die me terzijde is blijven staan, orde heeft gebracht in mijn denkbeelden, me heeft geholpen ze onder woorden te brengen en die in elk hoofdstuk ieder woord heeft gewogen, om er zo voor te zorgen dat dit boek een succes zou worden;

– Ramón Raventós, die me bij de start van het boek heeft bijgestaan en me ideeën aan de hand heeft gedaan waarmee ik kon beginnen;

– Alexandre Amat, vanwege het vertrouwen dat hij in me stelde vanaf het allereerste moment dat ik hem vertelde over mijn plan De overtocht te gaan schrijven. Zijn toezegging is meer waard dan zijn handtekening;

– Maru de Montserrat, mijn literair agent, adviseuse, zaakgelastigde en vriendin: vanwege haar enthousiasme en energie; zonder haar steun en begeleiding zou ik niet steeds de juiste beslissing hebben genomen;

- Chituca: vanwege haar glimlach, haar vriendschap en haar professionalisme; ze heeft de grootste tijd met me doorgebracht en gezorgd voor de duizend-en-één kleine dingen die het schrijven van een boek met zich meebrengt. Het was een genoegen met haar te werken, vanwege het enthousiasme waarmee ze alles doet en haar vermogen om moeilijke dingen gemakkelijk te maken;
- Jordi Nadal, vanwege zijn energie, goede humeur en het talent dat hij bezit om te zorgen dat teams gemotiveerd worden en met plezier hun werk doen;
- uitgeverij Planeta, met name het hele Alienta-team, zonder welk zo'n professionele lancering van het boek niet mogelijk zou zijn geweest;
- Josep Feliu, vanwege zijn grote vakmanschap en creativiteit bij het maken van de tekeningen voor dit boek, die perfect de boodschap weergeven;
- alle zeelui die hebben laten zien wat de zee is; allen die met me hebben gezeild in dagcruisen en regatta's: Mado, Juan Gironés, Tere, Fido, Mary Jo, Mireya, Mónica en Aurelio, Joaquín Verona, Cristina Zander, Fabrice, Gino, Angel, Carlos Malagrida, de familie Twose, Jan Santana, Esteban, Toni Tio, JMa Monjo, Ines en Jacinto, Siscu Soldevila en familie, Rafael, Xiqui, Marta, Maite, Angélica, Basili en vele anderen;
- José Luís Úbeda, omdat hij het soort onvermoeibare, immer professionele en loyale werker is dat je nauwelijks meer tegenkomt: bedankt voor je bevindingen en voor alle voortreffelijke richtlijnen die je hebt gegeven;
- Xavier Mendoza, vanwege zijn jarenlange vriendschap; omdat hij trouw, energiek, positief en attent was; omdat hij zijn kennis deelde met degenen om hem heen zodat ook zij konden leren en groeien;

- José Maria Orduña, vanwege de integere manier waarop hij dingen zegt en doet; vanwege de ongecompliceerde wijze waarop hij me heeft geholpen en de ruimhartigheid waarmee hij zijn meningen en wijsheid ten beste gaf;
- Francisco Calderón, vanwege zijn stugge doorzetten al die jaren, met dezelfde mate van enthousiasme, eerlijkheid, professionalisme en doorzettingsvermogen als in het begin. Het was een genoegen met hem te werken en te leren van zijn gezonde verstand en hartelijkheid;
- Placido Fajardo, vanwege zijn fraaie uitspraken, zijn oog voor synthese, zijn onuitputtelijke woorden van bemoediging en steun wanneer die het meest nodig waren; en zijn vrouw Raquel, die me nog vóór ze me had ontmoet, het volgende schreef: 'Ik houd van *De overtocht*';
- Kiko Fargas, Andi Peñuela en Esteban Vergés, die mijn inspiratiebron waren bij de creatie van enkele van mijn personages;
- al mijn vrienden en collega's bij CMR en TMI, omdat ze me leerden hoe je mensen motiveert en alle ideeën overbrengt tijdens de vele lezingen die ik heb gegeven;
- Rafa Suárez, Lydia Mondéjar en Beatriz Toca, die me hebben geholpen toen de tijd begon te dringen;
- Carlos Alonso, omdat hij me van een aantal van mijn verplichtingen ontsloeg en me zo de tijd gaf die ik nodig had om *De overtocht* te schrijven;
- de duizenden mensen die naar mijn lezingen kwamen luisteren en voor mij ook een grote bron waren van anekdoten, belevenissen, inspiratie en wijsheid.

www.alientaeditorial.com.

Het credo van Uitgeverij Servire is het oeroude 'Ken uzelf'. Wij richten ons tot mensen die verlangend zijn zich bewust te worden van zichzelf en hun unieke taak. Servire wil uitnodigen tot zelfinzicht en de mogelijkheid bieden hieraan vorm te geven in de dagelijkse praktijk door levende kennis en authentieke inspiratie aan te reiken.

Wilt u meer weten over de boeken van en de activiteiten rond Uitgeverij Servire? Neem dan een abonnement op ons gratis boekenmagazine *Troubadour*. Dit verschijnt twee keer per jaar en bevat onder andere interviews met auteurs, fragmenten uit hun boeken, een activiteitenagenda en overzichten van nog te verschijnen en reeds verschenen Servire-boeken.

T R O U B A D O U R - B O N

Ik wil graag uw boekenmagazine ontvangen.

Dhr./Mevr. ....

Voorletter(s): ....

Straat: ....

Postcode: ....

Woonplaats: ....

Uitgeverij Servire, Antwoordnr. 8111,
3500 VV Utrecht